挺住才有出路

冯仑 著

浙江人民出版社

图书在版编目（CIP）数据

挺住才有出路 / 冯仑著. —杭州：浙江人民出版社，2023.3

ISBN 978-7-213-10940-9

Ⅰ.①挺… Ⅱ.①冯… Ⅲ.①企业管理—通俗读物 Ⅳ.①F272-49

中国版本图书馆CIP数据核字（2023）第018133号

挺住才有出路
TINGZHU CAI YOU CHULU

冯仑 著

出版发行	浙江人民出版社（杭州市体育场路347号 邮编310006）
责任编辑	祝含瑶
责任校对	戴文英
电脑制版	书情文化
封面设计	沐希设计 稀饭
印　　刷	北京世纪恒宇印刷有限公司
开　　本	880毫米×1230毫米 1/32
印　　张	7.25
字　　数	143千字
版　　次	2023年3月第1版
印　　次	2023年3月第1次印刷
书　　号	ISBN 978-7-213-10940-9
定　　价	59.00元

如发现图书质量问题，可联系调换。质量投诉电话：010-82069336

前言

这不是鸡汤，是酒

在这本书里，我又说了很多话。

说了这么多话，有时候我也在想：这些话是对自己有用，还是对别人有用？是因为别人喜欢而说，还是因为自己要说才说？

我把这些话又看了看，我确信这些话不是"鸡汤"，是"酒"。

这壶"酒"是干什么用的呢？

很多人经常喝酒。喝酒除了是一种社交，能带来一种气氛，实现一种情感上的拉近，我觉得，它似乎还有一个作用，那就是醒脑。

为什么说喝酒能达到醒脑的效果？

人说话的时候有两种意识。

一种叫自觉意识。比如说，你坐在主席台上说话，你就得正经发言，不犯错误。这是一种角色的要求，你必须这样讲，你讲的话一定要符合你的角色。

一种叫潜意识。做梦时说的话就反映了潜意识。

喝酒时说话是什么意识在起作用呢？也是潜意识，它是人的心理活动中未被觉察的部分。梦里说的话，醒来就会忘掉，而喝酒时说的话，其实并不会全忘掉。

在喝酒的时候，人往往会进入这种状态：血液循环加快，身体微微出汗，眼神略微蒙眬。在这种状态下，说的话半真半假，半明白半不明白，结果就是——我说出了部分真话，你看清了部分真相。这个时候，人说出的话里，真实的那部分，其真实的程度往往令自己吃惊，令听者咋舌。

所以大家经常会觉得喝酒有这样一个特别的功效：喝酒的时候，不仅能把话说透，也能把事和人看清。

这就是一个醒脑的过程。

在这本书里说的话，大体上，我觉得就是这样一壶"酒"。你喝下这壶"酒"之后，我希望我们之间能达到这样一个契合，那就是我说出了真话，而你看清了真相。

当然，可能也有人说，你说的难道不是"鸡汤"吗？我觉得不是。

"鸡汤"是一种保健品，经常喝一点，有益无害。并且，当你真正陷入困境，或者感到极度不适，却没有"药"的时候，"鸡汤"其实也是一种"药"。

我曾经看到这样一个故事：有一个孤儿在路上走，赶上下雨，他没有伞，脚也走破了，更没人搭理他，最后他走到一家人的屋檐下躲雨。

出于常人的善良之心，屋里的大姐把这名孤儿迎进屋，让他洗干净,给了他一套衣服,又给了点吃的,第二天雨停了才让他走。

临走的时候,大姐说了两句话。

第一句是,要相信世界上有好人。

第二句是,只要你认真做事,就一定有回报,一定能养活自己。

多么普通的两句话。可是这个孩子是个孤儿,在遇到大姐之前,他从没有听过这样的话,于是他将这"鸡汤"一样的话,当"药"一样喝了下去,牢牢地记在了心里。

后来他来到一个家具厂打工。因为心里一直记着大姐的话,就好好做人,好好做事,从不偷懒,再后来老板多次提拔他。最终,老板不干了,把厂子盘给了他。又过了若干年,他竟然把厂子做大了,做成了集团公司。有了钱之后,他拿着100万现金回去看望了那位大姐。

这个故事触动了我,我意识到要让"鸡汤"成为"药"有一个条件,那就是喝到它的人在这之前没有被滋养过。这个时候,"鸡汤"才有用。

当然,我说的这些话肯定不是"白水"。"白水"能用来维持生命,但是谈不上有营养。我们说一个人讲的话像白开水,就是说这个话讲得没有什么意义,比如,说永远正确的废话。在这本书里,我想我不是在重复"永远正确的废话"。

如果一个人讲的话都是真理,对驱散当下的烦恼特别有帮助,当下就能帮助别人解决问题,那他的话就是"药"。

但在这本书里,我不提供"药"。

我觉得,在这本书里,我把我了解到的真实、我看到的真相,以及它们背后的道理真诚地表达了出来,我讲给大家听,其实就是给大家斟了几杯"酒"。让我们干了这杯"酒",一起来品一品。

是为记。

目 录

选择大于努力 _1

1

- **01** 15 岁的选择决定你的一生 _3
- **02** 人为什么会困惑 _7
- **03** 立中等的志,管好自己的事 _12
- **04** 焦虑是一种常态 _14
- **05** 从容是如何炼成的 _15
- **06** 伟大是熬出来的 _17
- **07** 先有痛苦,后有能力 _19
- **08** 痛苦终会转化为营养 _23
- **09** 有敢于牺牲的勇气 _25
- **10** 难是因为压根儿没琢磨 _27
- **11** 再难也要乐观,扛住就有希望 _29
- **12** 悲观者也许正确,乐观者往往成功 _33

赚钱之前的问题 _37

13　挖坑赚钱比不上填坑远行 _39

14　现在创业难在哪里 _43

15　更有可能成功的三类创业者 _47

16　缺钱之前的问题 _50

17　钱以外的东西才是软实力 _52

18　用"纽约方式"做事,用"中国方式"吃饭 _55

19　不争是最大的争 _57

20　别在乎一城一池的得失 _59

创业的底层逻辑 _61

21 经营：越简单越好 _63

22 决策：在不确定中找确定 _69

23 发展：剩者为王 _73

24 模式：富士康挣"硬"钱，乔布斯吃"软"饭 _75

25 管理："脖子以上"和"脖子以下" _77

26 领导力：真正的领导者是虚空的 _79

27 合作：选择"合格的交易对手" _81

28 营销：被记住的永远不是钱 _86

29 危机："逆行者"的成功秘诀 _90

软实力，硬道理 _93

- **30** 软实力是时间与事件的积累 _95
- **31** 聪明人的性格是金牌 _97
- **32** 沟通能力是一种软实力 _100
- **33** 沟通时要给足人面子 _102
- **34** 为人处世上学会做中国人 _106
- **35** 待人接物要既做演员又当观众 _109

人脉不是设计出来的 _113

36　来参加追悼会的人才是真朋友 _115

37　装腔作势的人做不了朋友 _117

38　朋友数列：**10、30、60** _119

39　朋友决定视野 _121

40　朋友不是用钱去交的 _124

41　正向激励是最好的财富 _126

高价值的朋友圈_127

42 和伟大的人在一起 _129
43 我心目中的任正非 _131
44 刘永好的"永好法则" _137
45 李嘉诚的待人之道 _144
46 印尼首富黄鸿年 _148
47 史玉柱在南寺 _152
48 南怀瑾的思想价值 _156

房子的未来趋势和财富密码_159

- 49　世界这么大，别被房子困住 _161
- 50　疫情过后，买房还是租房 _165
- 51　哪里的房子值得买？ _169
- 52　房地产企业的"危"与"机" _171
- 53　在危机中寻找平衡 _177
- 54　未来的居住环境 _181
- 55　中国新一轮的城市更新 _186

关于未来那些重要的事_193

56　你今天做的事，决定了你的未来 _195

57　你之所以恐惧，是因为没有方向 _197

58　梦的边界，主观的未来 _200

59　应该焦虑的事，就让它焦虑着 _205

60　永远做奔涌的"后浪" _207

61　快乐在于三种自由 _209

62　人很难挣到认知能力以外的钱 _211

1

选择大于努力

01 15岁的选择决定你的一生

近年来有句话很流行,叫"选择大于努力"。在人生道路上一个个十字路口的选择,造就了今天这个自己。

选择分为两种,一种是主动选择,另一种是被动选择。当初我由于特殊原因离开了体制内的单位,这就是被动选择。被动选择之后,我还得主动选择,比如,是去做研究、教书,还是去做生意?接触了商业之后,我发现自己还蛮喜欢这个领域的,于是就在这里面做了30年。

人这一生,有三次主动选择特别重要。第一次是选择未来做一个怎样的人,也就是立志。这次选择一般发生在你15~20岁的时候,这个时候你对世界的看法和态度就起到了决定性的作用,一旦你做出了选择,你这一生的发展方向就确定了。比方说你决定做一个"牛人",也就是成就自我的欲望很强烈或者对自己的未来期望值很高的人,那么你就会围绕这个目标去划定你的交友范围。

如果说第一次主动选择的是人生目标，那么第二次选择的就是这个人生目标要通过做什么事情来实现。比如前面提到的我是选择做研究、教书，还是选择做生意。不过，未来具体做什么事的决定权可能不完全在你自己手上，但是积极的人生态度你已经有了，所以无论最后去干什么，你都有更大的把握。

当你基本实现了人生目标，想要进一步拓宽自己的能力边界的时候，就可以进行第三次主动选择了。还是以我自己为例，我感觉自己做房地产做得还行，就想拓宽一点能力边界，于是开始做公益、发射卫星，探索太空移民。在这个阶段，你可以选择做一些不同寻常的事，但是这个选择要与你为自己立下的志向（你的第一个选择）一致。

在这三个选择里，第一个选择尤其重要。如果你在自己第一次主动选择的时候没有想明白，没有立下明确的志向，没有一个积极的人生态度，那么困惑将一直跟随着你，然后你可能就会不好好上班、啃老、爱埋怨别人。这种人生态度延续到后面，就怎么选都选不好了。

反之，有一个积极的人生态度，后面再进行选择的时候就好得多。曾经，我的一个朋友想看看自己能不能在海南做生意，就跑到海南去了，在那里他看到别人卖甘蔗，于是也去批发甘蔗来卖，以此养活自己。在卖甘蔗的同时，他也一直在关注做生意的机会，一发现新的机会，他就投入到新的生意里。创立阳光100

置业集团的易小迪曾经开了一家印刷厂，雇了一二十个工人做印刷工作，一个月的利润是几千元。我见到他的时候，告诉他我要开一家公司，他就说他想把开印刷厂挣的六七千元钱都给我，我们一块开公司，一起折腾。事实上对于未来到底能折腾成什么样，我们不知道；这家公司能开多久，我们不知道；这家公司具体是干啥的，我们也不太清楚。那会儿不像现在，开公司先要有个商业计划书，我们没有那个东西，就是一块儿折腾。

后来我发现，活得开心的人，不是钱多的人，也不是事顺的人，而是人生态度积极的人。这就是为什么我说第一个选择最重要。

之前我和音乐人胡海泉聊天，他也表达了同样的观点。他说，其实人的每一天都是转型期，而所谓转型也不是顿悟的结果，是每一个微小的改变累积而成的。他先是做了20多年音乐，后来开始做投资，做一些文创产品，对于这段经历，他的感悟是：为了不被动转型，就得去主动试错，在挫折中反思，在反思中前进。

他告诉我，早年他的音乐专辑一年能卖出100多万张，销量很好，但是到了2003年，销量突然间就下降到50万张，到了2004年，他的新专辑只能卖出20万张。他发现，专辑销量下滑并不是他个人的问题，而是全行业的问题。整个行业都在经历转型，大家的专辑销量都在下滑，自己身在其中，必须以一个积极的人生态度，迎接变化，主动转型。

1 选择大于努力

当然，转型不等于成功。转型就跟"再来一次"一样，是一场挑战。转型就像汽车转弯，速度降下来才能转得平稳，要是开得特别快，急转弯，就有可能会翻车。我认为一个人的一生中有很多次选择，这些选择决定了他在事业上的成败，**而他在15～20岁做的第一次主动选择、立的志，决定了他这一生的努力程度**。积极的人生态度会让他更勤奋、更努力。

我20岁上大学时看到一本书，书里讲了关于19世纪初杰出的思想家圣西门的一个故事。故事中提到，圣西门觉得自己要干伟大的事情，怕睡过了起不来，于是让仆人每天早上站在床前对他说："主人，要起来了，伟大的使命在召唤你。"这个故事极大地触动了我，从此我开始控制自己睡觉的时间。从那以后，我一直都会使用闹钟，我想象闹钟就是那个仆人，当它响铃的时候就是在召唤我，如此一来，我就很少睡懒觉。

当然，激励自己的方法还有很多，读书就是其中之一。很多伟大的人都留下了传记，读这些传记，你可以找到标杆，照着他们的样子去努力；通过阅读史书，你会发现世界上有很多种活法，而你完全可以选择更精彩的那一种。

02 人为什么会困惑

曾经有一段时间,我一直在琢磨人为什么会困惑,什么人会困惑,什么时候人会困惑。我发现了一些特别有意思的规律。

首先,我发现小孩子特别容易困惑。为什么?因为他不知道未来会怎么样,不知道未来自己要面对什么样的变化,这种不确定性让他感到困惑。

然后,我发现有时候书读得多了人反而会困惑。为什么?因为书读得多了以后,可选择的路也变多了,仿佛面前打开了好多扇门,他不知道该穿过哪一扇门,于是变得特别困惑。

另外,我还发现一种情况,就是一个人原本按计划在"轨道"上行走,突然计划被打乱,"脱轨"了,他就会困惑,因为这不在他的计划里,他不知道该怎么办。举例来说,比如一个人要从北京开车去上海,每天走多少公里、什么时候加油、什么时候吃饭、什么时候停下来休息……这一切他都事先计划过,突然出现的意外,使他的计划被打乱,这时候他就可能会变得慌乱,不知所措。也就是说,当变化突然发生使人不得不去做选择的时候,这个人可能会因此感到非常困惑甚至痛苦。**或者说，当一个人很不愿意但又不得不做出选择的时候，他会困惑，会痛苦。**

我在"抖音"视频上看到过很多小故事——各种各样、奇奇怪怪的小故事。故事里有的人突然遭遇家庭变故，有的人突然被公司解聘，于是他们就面临选择，这样的事显然是他们从来没想到的。还有的人，原本日子过得挺好，夫妻恩爱，母慈子孝，收入稳定，看上去是那样幸福。突然之间，夫妻两个人中有一个人没工作了，这时候还房贷就成了一个问题，他们需要考虑是借钱继续还贷，还是把房子卖掉。如果卖掉房子，他们以后要住到哪里去呢？这许多选择带来一大堆烦恼。

总而言之，在人生的十字路口面临艰难选择的时候，人往往会感到纠结、迷茫、困惑和痛苦。

当然，我也发现有的人不会困惑、不会痛苦，他们主要是这样两种人：一种是在监狱里的人，他们无法选择，只能忍受痛苦、习惯痛苦、与痛苦为伴，如此也就无所谓痛不痛苦；**另一种是把世界看得特别明白的人，**他们的价值观、主张、信仰都特别清晰，他们对于自己想怎么活、想要一个怎样的未来有着坚定的看法。这样的人不会困惑，也不会痛苦。你打击他们，他们会觉得你是在成就他们，反而感到高兴；你强迫他们做选择，他们会认为这是一个成功的机会；他们能够倒过来想问题，把痛苦当作幸福。

除了这两种人,其他人面临出乎意料的、复杂的选择时,一般都会感到困惑,然后感到迷茫和痛苦。从这个角度来说,自由是个可怕的东西。

监狱里的人,处在一个恒定的状态,他们没有自由,也不需要选择。可是一旦从监狱里出来,不得不选择时,他们该怎么选呢?去就业,可能没人要他们;想去谈恋爱,可能没人搭理他们;去买东西,身上没有钱;即便是想放弃自由,转身回到监狱里,也是无法实现的。当他们无法选择,甚至是无论选哪一个结果都不一定会更好的时候,就出现了所谓"自由的恐惧"。

当我们站在人生的十字路口,面对众多的选择,感到迷茫、困惑的时候,该怎么办呢?其实也只要做两件事。

第一件事是面对麻烦时,要保持积极的态度,主动地去选择,这是最重要的。面对同一个麻烦,有的人觉得是"丧事",有的人则能把"丧事"当"喜事"办。主动地去选择,比被动地让人来选择你要好得多,这是一个态度的问题。

第二件事是面对复杂的选择时,要有清晰的价值观。所谓价值观,就是一种对是非的判断。如果你坚信含辛茹苦是一种美德,那么在受苦的过程中,你就没什么痛苦,而如果你认为人应该耽于享乐,那么一旦无法继续享乐了,你就会很痛苦,因为你的欲望与现实环境发生了冲突,而价值观让你做了被动的选择。

换句话说,事情本身没有发生变化,只不过因为我们对这件

事情的看法不同、态度不同，所以结果也不同。

有一次，我和王石从美国的旧金山去大峡谷，因为是去游玩，我俩都挺高兴的。到了旧金山机场，同行的翻译突然碰到问题了。这名翻译刚到美国不久，因缺少一个证件，他上不了飞机，如果他要继续帮我们做翻译工作，就得去补这个证件。这个证件能不能补下来呢，我们不知道；补这个证件需要多长时间呢，我们不确定。一般人如果遇到这种事会很不高兴，认为是旅游公司或者提供翻译的公司失职，于是要投诉他们，要求赔偿。可是王石特别有意思，他不仅没生气，还特别高兴地跟我说："这太好了！这可给了咱俩一个随便逛的时间，咱就在机场随便溜达，他啥时候完事儿了，咱啥时候走。"

他这么一说，原本情绪很紧张的翻译一下子变得特别放松，他抓紧去补办证件，只花了一个多小时就把事情办成了，然后我们继续旅行。所以说，面对这样一件事，我们的开心或不开心取决于看待它的态度。如果把它视为疏漏，也许我们都会生闷气，但是如果把它当成给我们的一段额外的闲散时间，我们就很高兴。

到了大峡谷，晚上我们在旅馆里坐着聊天，突然感觉房子在晃。开始的时候我们有点蒙，后来反应过来是发生了地震，就赶紧往楼下跑。跑到楼下以后，我们看到空地上站着一群人，有的惊恐万分，有的却很从容，我和王石则有些高兴，觉得赶上这样的事也算是人生中少有的经历。

改变看待事情的态度,人生就不一样了。

《庄子》里记载了这样一个故事:庄子的妻子去世了,他鼓盆而歌。这一幕被前来吊唁的惠子看到了,就指责他说,你不哭也就罢了,怎么还能敲着瓦缶唱歌呢?太过分了。庄子却说,人总是要死的。人的生死就和四季更替一样,既然到这个时候,她去了该去的地方,就不必为之哭泣了。

真正的乐观主义者,在任何时候都能看到事物积极的那一面。

03 立中等的志，管好自己的事

我一直强调，立志很重要。至于这个"志"是什么内容，每个人需要根据自己的具体情况来确定，但最好不要立太大的志向。

什么叫太大的志向？我们那个年代的人立志向都喜欢立"达则兼济天下"的大志向，那种志向常常是宏观的、空洞的，比如不客观分析自己的情况就立志当科学家。

不要立这种空洞的、千人一面的大志，这种志向很难实现。因为你心中的兼济天下跟别人心中的兼济天下可能并不一样，甚至完全不一样。因此，你最好先立个中等大小的志向，把你所从事的工作做好，不断精进自己的技艺。

我碰到过一个日本家族，这个家族的三代人都立志做好一件事。什么事？比谁做的筛子眼儿小。这个家族多年来专注于做筛子，做大眼儿的筛子很容易，做小眼儿的筛子就比较困难了，而做眼儿小到连最细的粉末都很难通过的筛子就更难了，所以市面上卖的复印机的定影辊上那个眼儿很小的网几乎全是这个家族做的。这个家族的三代人都立志做眼儿最小的筛子，始终按这个志向去努力，并且坚韧不拔，最后终于成功。

每个人都做好自己的事，这个社会就有希望。因此，无论你是想做工程师、书法家、导演还是编剧，只要坚定不移地干下去，就一定能为中国经济文化的发展奉献一份力量。

04 焦虑是一种常态

我有一个朋友，当年他创业赚到第一笔钱以后，晚上回到家就和妻子一起把钱倒在床上，两口子数钱一直数到天亮，那时真的感觉很幸福。后来他赚的钱多了，那种赚到钱的幸福感却减弱了。

对于创业者而言，只要不断折腾，事业在往前走，管的人就会越来越多，肩负的责任会越来越大，遇到的难事会越来越多，面临的挑战也会越来越大。所以，创业者多数时候是焦虑的。既然选择了创业，难，是正常的。就像跳高，随着每次成功，杆在不断加高，跳高的难度也在不断增大。如果越跳杆的高度越低，那还跳什么高呀？

所以，保持乐观很重要。同样是一天，你悲观地过是一天，乐观地过也是一天。保持乐观，不焦虑，哪怕你自己骗自己，也要开心地过，要告诉自己，无论做什么事，只要自己尽力了，就很好。

05 从容是如何炼成的

有年轻的网友说我"乐山乐水乐自在，亦文亦商亦从容"，令他很羡慕，但是他难以像我这么潇洒从容，因为他想从容却没钱，挣钱时又从容不了。

其实，他这种状态我也经历过，只是他没见过那样的我，他看到的是成功以后的我。也正因为如此，**成功在他眼中成了一种原因而不是经历。**

这句话大家可能不好理解，我举个例子来说明。2010年5月有两个房地产行业的企业家先后登上了珠穆朗玛峰，一个是王石，一个是黄怒波。他们是因为事业成功、有钱才登上珠穆朗玛峰的吗？肯定不能这么理解。因为如果没有勇气和毅力，即使再有钱，最多也是被人当成行李一样拖上去，而不是登上去。那股骨子里的勇气和毅力是他们在不知名的时候就已经拥有的，可是大家只看到了他们的成功。

我看了黄怒波在8840米的高峰上摘下氧气面罩朗诵诗歌的视频，他的这个举动在人类历史上是绝无仅有的。在这里把氧气面罩摘下来是很危险的，如果没有极大的勇气与毅力是做不到的。我和黄怒波是同事，我知道他从很小的时候就开始追求自己的理想，这是不熟悉他的人所不了解的。

很多人以为有钱才能从容，其实不然。从容是建立在思维逻辑清晰、对未来有正确预判的基础上的，**只要对自己的内心、对事物的规律有把握，你就能变得很从容**。因此，我们常常看到大人比小孩从容，老人比年轻人从容，掌握资源多的人比掌握资源少的人从容。

对于创业者而言，要想从容，就不能只盯着钱。他必须明白一些道理，否则遇到困难的时候就会觉得委屈，抱怨世界上的事情为什么总是不能如他所愿，总是跟他对着干。其实原因很简单，地球上有几十亿人，我们每个人都只能作为几十亿分之一而存在，这个世界并不会围绕某一个人而运转，所以一定要有大的视野和格局。**年轻人一定要多去拓展自己相对陌生的、知之甚少的领域，如此才能扩大知识面、开阔眼界**。

要做到对未来有正确的预判，除了有足够的知识面和眼光，还必须有坚韧不拔之志。古人讲坚韧不拔之志，涉及两个关键词——志向与毅力，二者缺一不可。志向，或者说理想，就像黑暗隧道里的一点光明，如果这个光明消失了，隧道里的人就会更加恐惧死亡。志向和毅力，能够帮助黑暗隧道里的人坚定地往前走，这样一路坚持，就能迎来新的天地。

06 伟大是熬出来的

伟大和折腾，是我经常提到的两个词。有些人质疑，说我一会儿说"伟大是熬出来的"，一会儿又说自己在工作中喜欢"折腾"，一个是比较被动的行为，一个是比较主动的行为，感觉两种说法有些冲突。

折腾跟熬相比，确实前者是主动去做，后者是被动去挨，但其实这两者并不冲突，它们是两个层面上的事。折腾，又叫"奋斗"，这是在追求；熬，是在奋斗过程中遇到一些曲折的时候必须采取的人生态度，"熬"这个字更形象地表达了纠结、无奈的复杂状态。

在奋斗中遇到挫折就必须熬。为什么？因为有时候我们前进不得也倒退不得，就只能**直面问题。这个时候，"熬"就是直面问题的方式**。我总是在讲，如果遇到问题，就去解决它，这样最坏的情况是还剩下半个问题，但如果逃避问题，就是怯懦的表现，那么就有两个问题了。我自己就是一直抱着这样的心态熬的，遇到任何问题我都迎难而上，先让它变成半个问题，如果再努力一点能够将问题彻底解决，就大功告成了。这个过程就像爬山，当你熬过艰难的攀登过程，到山顶一看，天高云淡，你神清气爽。不过只有熬过来，你才能体会到胜利的愉悦。

此外，"熬"强调了一个时间过程。我曾说，时间是成就伟大的两个最基本的要素之一，时间的长短决定了事情或人的价值，也决定了能否成就伟大。例如，我端起杯子喝水是一个日常的行为，但如果能慢慢地连喝 50 个小时就成了行为艺术；如果我将端起杯子喝水这个动作保持 5000 个小时，我就成了雕塑。从这个角度来说，伟大就是靠时间熬出来的。所以，当你要做一件伟大的事情时，首先要考虑你准备为此花多少时间。如果答案是 1 年，那么你绝对不可能成就伟大；如果答案是 20 年，则有机会。

07 先有痛苦，后有能力

有个年轻人被公司辞退，于是失业了。他感觉自己被辞退的原因是公司的人力资源经理对他有偏见，为此想去找这位经理聊一聊，但是又觉得这样做似乎没什么用，于是问我该怎么办。

对于这个问题，我是这样回答的。

首先，如果你一直为这件事感到纠结，天天在想公司这么做对不对，人力资源经理或者其他人是不是对你有什么误会，你会越想越痛苦。 即使你去找人力资源经理，恐怕也不会对这件事的结果有多大的改变。如果真要去找这位人力资源经理，倒不如去当面感谢他，感谢他给你再一次选择工作的机会。

我一直坚信，结束一次痛苦，就是在迎接下一次幸福。我认识一个离了婚的老板，在婚姻状况一栏他不填"离异"，而是填"第二次未婚"，这样做就是想告诉大家，他结束了不幸福的婚姻，现在自由了。失业其实类似，不再被捆绑在原来的工作上，就好像"第二次未婚"，你可以开始下一段自由的人生旅程了。也许留在原来的公司对你而言不是最差的选择，也正因为这样，你没有动力去做更好的选择。但是现在，虽然是被动的，但至少你有更多机会和可能去做更好的选择了，对吧？

如果选择了一圈以后，你没有收获满意的结果，那个时候也许你可以去跟那位人力资源经理谈一谈。因为很可能选择一圈下来，不但你的人生体验丰富了，而且你也不再是过去那个你，他对你的看法也会随之改变。

抱怨，总是说别人不对，是很容易的事，但这么做没什么意义。改变别人的决定比较难，但是改变自己，用事实证明你是最好的，从而让对方改变对你的看法，是有机会的。

其次，失业不可怕，你也不用焦虑。我认识的很多成功的企业家都失业过，他们都是失业之后再去做出新的选择，然后屡败屡战，最终获得成功。

我在创业之前，30岁左右的时候，曾经因为一个大的变故，失业了半年多。那段时间里，我靠着跟别人借钱和打零工来维持生活。那是一段特别艰难的日子。当时我身无分文，吃饭都成问题，但是我自由了，于是趁着自由好好折腾了一番，后来还认识了一大群朋友，我们一起折腾，奔到海南做起了生意。

所以，与其沉浸在失业的痛苦中，不如好好想想接下来怎么选择。我觉得在这个阶段有两件事特别重要。

第一件事是你得主动地去找新的机会。在家一直躺着睡觉肯定不行。也就是说，你的态度得积极。我们的公司里曾经有一个很特别的员工,当他手上的工作越难做、越有挑战,他就越兴奋,工作态度越积极。人往往是先有态度后有能力。现在我们招聘员工,特别是中高层员工的时候,最看重的一点就是他们的工作态度。工作态度积极的,往往工作能力也不错,即使工作能力暂时有欠缺,多数也会想办法提升。在飞机和宇宙飞船诞生之前,人类特别想飞起来,就天天研究,因为觉得这样研究下去没准儿哪天就能成功。事实证明,在一代代人的不懈努力之下,人类最终造出了飞机和宇宙飞船。所以一定是先有积极的人生态度,然后才能办成事。如果只是在那儿哀叹、埋怨,那就完蛋了。态度积极一点,你会发现,其实事情没有你想的那么难。

第二件事是你得让自己有点新本事。学了新知识,有了新本事,你就能开拓新的人生路径。学对了本事,就能为之后的人生做好准备。如果你用心观察,会发现,在某方面有所成就的人往往是"学习狂人"。很多人总是认为某某的成功是因为运气好,或者是因为有背景,又或者是因为赶上了风口,总之就是觉得都是外部原因在起作用。但我的经验告诉我,真相不是这样的。我周围有各式各样成功的人,通过观察,我发现他们不仅聪明、有知识、有能力,会去做对的事情,更重要的是,他们还比别人勤奋。我知道很多企业家每天早上都是六七点钟就起床,然后一直工作到深夜,而且他们在每个场合、每件事情上,都坚持勤奋地学习。他们可能不仅做企业,还做公益,一年要在天上飞一两百次,即使是这样,他们也在不断地学习、充电,完善自己。

总之，人生不可能在一条轨道上一直走下去，而是会经历很多次转换。如果失业了，你能积极面对它，学习新知识，寻找新机会，它未尝不是一个迎来人生新曙光的机会。

08 痛苦终会转化为营养

熬的过程很痛苦，但痛苦是想要成功的人必须经历的，这个熬的过程赋予了他们四种优秀的品质和能力，它们分别是毅力、勇敢、包容、智慧。

什么叫毅力？毅力就是当别人都感觉痛苦的时候、看不到光明的时候，你能看到黑暗尽头的光明，并为之咬牙坚持。

什么叫勇敢？勇敢是一种奋不顾身，一种在特殊情况下超出常人的举动。

什么叫包容？包容就是把所有的是非恩怨搁肚子里自己消化。

什么叫智慧？智慧就是不随波逐流，能看到别人看不到的层面。

这些品质不是朝夕之间就能拥有的，需要经过不断的磨砺。

美国一所军校的口号很有意思：给我一个男孩，还你一个男子汉。我看过他们的训练过程，那些男孩所进行的都是超出常人忍受范围的训练项目。我相信，当这些男孩三四十岁的时候，经历了生活的苦难和对人生的咀嚼，他们自然会显现出智慧和从容。

当然，这是一个漫长的过程，在这个过程中可能会经历很多痛苦。但只要有理想，用积极的心态去面对痛苦，所有的痛苦都会转化为营养，痛苦过后，他们会变成真正的男子汉；如果没有理想，就像前面讲到的，当黑暗隧道尽头的光明消失的时候，这些痛苦会转化为恐惧，这时候转身逃跑的话，人生就会从此暗淡下去。

09 有敢于牺牲的勇气

创业就是折腾。如果你选择创业，你就选择了"折腾"这种生活方式。折腾谁？首先肯定是自己，你可能需要经历生活与工作的界限模糊、工作内容重复、在客户面前赔笑脸、为了项目"跑断腿"……因此，一旦确定要走上创业的路，就必须做好牺牲的准备，否则将很难在创业大军中冒出头来。

你可能得牺牲房子，因为钱要用到创业上；你可能得牺牲稳定的生活，因为创业有风险，不是百分之百能成功；你可能得牺牲和家人相处的时间，尤其是在创业初期，要想像欧美的那些商人一样，准点地回归家庭、照顾家里的老人和孩子，是很难的。创业者需要花费很多时间去面对不确定性，要在许多因素都不确定的情况下去做出选择，开始行动，在这个过程中可能还得牺牲面子，以前不屑于做的，现在不做不行。自己创业做老板并不是件很爽的事，有许多人他们得罪不起，有许多事难以处理，有许多委屈需要独自承受。

有一次我跟母亲说，我现在除了我娘的儿子谁都不能得罪。

老太太听了，眼泪一下子就流出来了，她觉得我在外边受了特别大的委屈。事实也是这样，我不能委屈别人，如果委屈别人，到头来只会让自己更委屈，所以只能委屈我自己。

创业的时候，我在地铺上睡了 11 年。当时我给自己定了个规矩：没折腾起来就不到床上去睡，原本我把这当作卧薪尝胆，没想到竟意外发现睡在地上的好处。那个时候的电话都是座机，我就把它搁在地上，除此之外的很多东西我也都搁在地上，这样，看到的人就知道我所处的位置和我的姿态了。有一次，我带我的一个债权人看我住的地方，他看完以后说："我相信你能成功。另外，你是个有原则的人，你没有一边欠着别人的钱不还，一边去进行奢侈消费。"

如果有一天你创业成功了，那么就有机会把自己牺牲的东西慢慢补回来；如果创业失败了或者是还没有成功，那就必须继续熬。

10 难是因为压根儿没琢磨

有年轻人自己创业，做点小生意，可是家中的长辈总觉得他"没有赚钱的潜质"，于是他问我，什么样的人才是具备赚钱潜质的人呢？在我看来，答案其实很简单。**有一个乐观、积极的人生态度，对自己的未来成就有预期，或者说自我评价比较高的人，是具备赚钱潜质的人。**

有这样一句话：自己把自己当个人物，最后就能成为人物。没有成功的欲望和梦想的人，都容易消极，于是也不怎么努力，到最后当然离成为人物越来越远。如果你想赚钱，就得使劲折腾。虽然折腾也不一定能赚到钱，但成功率肯定比消极等待大得多。

前些年我去美国航空航天局参观，回来后我就想自己是否也能发射一颗卫星。听了我的想法之后，很多人都说这事不靠谱。难道这事真的弄不成吗？研究之后我发现，要做成这件事也没大家说的这么难，**之所以说难，是因为他们压根儿就没琢磨这件事**。事实上，近些年航天领域发展很迅速，我们有很多参与的机会。后来我们就积极地做这件事，2018 年年初，在酒泉卫星发射中心把"风马牛一号"卫星送上了太空。

所以，如果你有想法，就积极地去实现；如果你遇到问题，就积极地想办法去解决。哪怕只解决了一半，那也比什么都不做要好。

这里说的积极的人生态度，是说至少不能有"玻璃心"。心理太脆弱了是不行的，那样的话，遇事的时候扛不住。如果一个人有颗"玻璃心"，那么他不光是在工作中扛不住事，消耗周围同事的心力，他在生活中，也容易因为小事而情绪低落。有个词叫"千锤百炼"，被锤炼得久了，就不太会有"玻璃心"。看看那些运动员，他们要取得好成绩，是不是得天天苦练？人生也是如此，被虐、受苦的时候要能扛住才行。

11 再难也要乐观，扛住就有希望

我从 1991 年开始创业，到现在有 30 年了。经常有人问我遇到过哪些感觉自己扛不住的事情，后来又是怎么扛住的。实际上我很少有觉得自己扛不过去的时候，但是，扛得特别艰难的时候并不算少。

刚创业的那几年，公司出现了债务危机，我们被人上门逼债。令我印象最深的一次，是我们欠了一家施工单位的钱，他们派人天天来堵门。后来被逼急了，我们的一个合伙人就对债权人说："我们还不起钱，不是态度问题，是能力问题。"言下之意，只要我们有了钱，一定还。这样的事情让我们感到很糟心，但是我们能怎么办呢？只能忍着，然后赶紧想办法找钱、还钱。

还有一次，债权人把我们逼到一个唱歌的地方，让我们把身上的现金和卡全拿出来，我们也只能给他。虽然当时我们心里非常难受，但也能理解，因为人家也有人家的难处。

刚开始创业那会儿，《中华人民共和国公司法》还没有颁布，我们借钱办公司，对创业是什么、商业模式是什么都不了解，唯一知道的就是要折腾。所以，那个时候，无论出了什么事、面对的处境多么难，我们都要扛住。

后来，针对欠债，我们采取了一个措施，那就是如果我们欠了债，那么在债权人来催债前一个月的时候，我们就主动上门跟所有债权人道歉、解释、求情，能还多少钱先还多少钱，剩下的我们再想办法。这样做得到了一些债权人的谅解和宽限。

有一次，因为我们还不上钱，有一个债权人说一定要去看看我住在哪儿，他觉得我们不还钱，说不定是自己拿了钱在别墅里逍遥快活呢。我就带他到我住的地方去看，那是一个一居室，地上放着一张床垫，周围摆了一些杂书。他捡起几本书看了看，然后对我说："都这个时候了，你还在看这些伟大的书，可真行！算了，我暂时不逼你了……"后来，我们还清了所有的欠款，其中的不少债权人直到现在还和我们有来往，大家处成了朋友。

所以，我特别能理解企业人面对2020年突发的疫情，或者经济下行，又或者其他原因导致的经营困难时，内心的痛苦。债务危机或者经营亏损，是很多企业主，尤其是创业者会遇到的。

从我自己的经历来讲，在阶段性的挫折面前，还是要保持乐观，因为这个过程就像是在翻一座山，现在这个阶段是在山谷里走，只要坚持往前走，爬上山坡，翻过山头，就有机会到山的那一边，在那里可能就会出现丰茂的草原一样开阔的地带。

再举一个例子。2001年，美国发生了"9·11"事件，位于纽约的世界贸易中心倒塌，将近3000人遇难。一年后，我们参与了世贸中心的重建工作。有一次，我和一位银行家去那里考察，他帮我去跟一些金融界的人谈，希望他们来支持我们做这件事。其间，他悄悄告诉我："老弟啊，这个事恐怕不能做。"他认为，在这么小的一个地方，3000人遇难，这里就是个坟场，今后谁还来租这个地方呢？

之后，我又和一些经济学家、社会学家和灾难研究专家聊这个项目。很有意思的是，经济学家普遍都不看好这个项目，他们按照当时的房租、就业情况一算账，发现这个账算不过来；而社会学家和灾难研究专家都告诉我这个项目可以做，他们的理由是，不管发生过多大的灾难，一般过去15年以后人们就有些淡忘了，过去20年以后，也就是新的一代人成长起来之后，关于这个灾难的记忆就更不清晰了，他们都不认为重建后，世贸中心还会受当年的事件影响。

2019年，我们在纽约的项目开业，社会学家和灾难研究专家的看法得到了印证。同"9·11"事件之前相比，整个纽约曼哈顿下城区的房租不仅没减少，还涨了15%以上，旅游人口多了至少一倍。这件事情让我获得了一个很重要的经验，那就是遇到困难，甚至是遇到灾难时，要看到希望。

鲁迅的诗剧《过客》中有一个过客分别与一个老人和一个小

女孩的对话,过客分别向两人询问前方是个什么样的地方。老人告诉他,前方是一片坟地。小女孩告诉他,前方是一片鲜花。由此可见,两个人的视野和心态是截然不同的,而这个过客却说前面的声音在叫他往前走,于是他坚持要往前走。

在创业的过程中,我经常会想起这个故事。我心里也有这样一个声音在召唤着我,所以无论前方是一片坟地,还是一片鲜花,我都要坚定地往前走。这种想法始终陪伴着我,哪怕负债累累,我也没有放弃,因为我知道,扛住就有希望。

12 悲观者也许正确，乐观者往往成功

2021年年初，全球疫情仍在蔓延。疫情会持续多久，对经济、对企业的影响会有多大？针对这个问题，不同的人有不同的预判，而不同的预判必然带来不同的心理预期。

同样是碰到雨天，如果你事先看了天气预报，知道下的是毛毛雨，出门时可能连伞都不带；幽径中，树荫下，微风细雨里走上一走，可能会觉得还挺舒服，甚至觉得有一点浪漫；如果天气预报说雨势比较大，要下一小时，你出门时可能会带把伞；如果天气预报说这雨要下一整天，你的心情就可能会发生一些变化；如果天气预报说到雨季了，接下来两个月都有雨，那你的心情就容易因此变得沉郁。

由此看来，疫情时期，大概很多人都怀着面对"黄梅季"时的心情。疫情导致的经济下行压力，已经越来越多地传导到我们的日常生活中。为此，我们不仅要准备"雨伞"，还要适应"雨季"的生活。

怎么适应呢？很多企业和个人采取的措施是节流增收。节流，就是想方设法地压缩费用、减少支出。逢灾荒之年，活下去的一个重要武器就是粮食，风调雨顺的时候，也许"吃不下的就扔了"，在这灾荒之年，则是"一口分作十口吃"。而所谓增收，以地产行业为例，行业里的不少企业在疫情防控期间通过线上直播的方式实现了网络卖房，并由此增加了收入，弥补了一部分损失。

如果面对的是为期两个月的雨季，那么通过节流增收还能挺过去，而如果面对的是持续好几个月的阴雨天气，那么几个月以后，我们将会听到许多"救护车的声音"，更多的企业会被送进"抢救室"。当然，那是全世界都要面对的事，不仅是我们国家，或者单独某个行业的事。

如果未来大量的企业遇到困难，行业出现普遍性的萎缩，那么能活下去、活得更久的企业，一定是风险管理做得比较到位的企业，比如它们的杠杆率会比其他企业低一些，手头的现金比其他企业多一些。就像《1942》里展现的那样，当饥荒来临的时候，要想生存下去，靠的是"手里有粮"。面对饥荒，谁能把脸放到地下，谁就更容易活下来。这个时候，即便是掉到地上的馒头，你也得捡起来吃了，这样才能活下去。

有人说："悲观者也许正确，乐观者往往成功。"如果乐观地看，总能看到一些好的事情，哪怕是在面对疫情的时候。前些天，有朋友说，现在天天戴口罩，不仅隔离了病毒，还使脸部的皮肤受到了保护，自己的肤质因此变好了。

这让我想起一件往事。我曾经在太平间里为逝者穿过寿衣。当时，我的一个熟人的亲人去世了，我去帮忙。那天我去得比较早，天还没亮。我站在太平间外面，管理太平间的老头儿打开太平间的门之后，对我说："小伙子，你别站在这儿闲着，帮我干活。"说着，他就把我拽进了屋里。我进屋一看，原来太平间里是一个个冰柜一样的大抽屉。我当时有点害怕，也不知道该怎么帮忙。只见他把逝者的遗体从一个大抽屉里拉出来，然后把寿衣往那儿一摆，让我帮忙给逝者穿衣服。我不敢碰，也不知道手往哪儿放。他说："没事儿，这都冻上了，没有细菌，最干净了。"

我心想，既然来了，那就学吧。然后他教我怎么给冻僵的遗体穿寿衣。虽然我有些紧张，但折腾了半个多小时还是穿好了，就这样我学会了怎么给遗体穿寿衣。

回想这段经历，我当时的心态就比较积极。我觉得，既然到这儿了，恐惧没有任何用处，只能学着去做这件事，学习的时候就忘了恐惧。在这个过程中，老人家不仅讲了怎么给遗体穿寿衣，还跟我聊了很多太平间里的事。等到朋友们过来，我们一起把遗体送到八宝山的时候，我感觉自己不仅帮朋友完成了一件事，还学会了一门手艺，同时通过跟那位老人家交流，我了解了很多过去自己完全不知道的事情。所以，当出现危险、意外，你心里产生恐惧的时候，用积极的心态去面对，恐惧就会慢慢化解掉。这也是为什么我说任何时候都要看到事情乐观的一面。

拿疫情中的地产行业来说，我觉得在未来的一段时间里，不用去担心地产行业衰落，而要去研究这个行业会在哪些方面呈现出与过去完全不同的内容。假定过去的房地产市场是个规模达到20万亿元的市场，其中有十五六万亿是新房，其余的是一些二手房以及其他形式的物业。这么大的市场，未来即使萎缩一点，假如说还剩下15万亿元的规模，那也是一个足够庞大的市场，仍然存在海量的机会。

此外，如果经济结构发生了一些变化，比如全球化进程受到了一些阻碍，那么产业链重组以后，我国的经济结构会发生什么变化？我们需要什么样的新工业？或者这次疫情以后，应该对我们的产品有些什么新的要求？这是我最近在思考的事。

"丧事"当"喜事"办，在危机中发现变化，在变化中寻找机遇和积极的信号，从而确定我们能做的事和我们要做的事。这样才能熬过漫长的"雨季"，迎来阳光灿烂的那一天。

2

赚钱之前的问题

13 挖坑赚钱比不上填坑远行

如果你去创业，或者说去做点小生意，就会发现，越是经济环境不好的时候，碰到的问题、困难就越多，好像在任何一个环节都能遇到糟心事，这时，很多创业者内心就会摇摆不定，不知道该怎么办。

这让我想起一件小事。

好多年前，我和几个朋友开车去西部。走到一处戈壁滩时，我们被迫停了下来。为啥停下来呢？因为路的两边是戈壁和大石头，路中间有一个大坑，要想继续往前走，就得把路上的坑填起来。下了车，我们发现不远处有几个人在一片阴凉地抽烟，地上放着一些铁锹和铲子。我们走过去，问他们能不能借铲子给我们用，或者能不能帮忙把坑填起来。对方说可以，但是我们得先给钱。我们给了钱以后，这些人就开始填坑。坑填好之后，我们得以继续往前走。

后来我们才知道，这群人每天都在路上挖坑，开车的路人要想过去，就得给他们钱，收了钱，他们才把坑填上。一拨路人过去之后，他们又把坑挖开，等待下一拨路人——他们靠挖坑挣钱，这就是他们的人生。**和填坑远行的人相比，挖坑的人永远停在那儿，靠挖坑挣点儿小钱，永不前进，而填坑远行的人则可以在花钱填坑之后朝着自己的目标前行，不仅能到达远方的目的地，还能看到一路的风景。**

其实人生里还有很多这样的事。

对我的经历有一些了解的人应该知道，创业之前，我曾经有一份稳定的工作。后来有一天，我失业了，没活儿干，也没工资拿了。用现在的话说，那是一件很"丧"的事。但当时的我想到，自己因此多了一次选择的机会。我可以选择去当老师、做研究，也可以选择去做生意。最终，我选择了做生意。起初我不是特别适应，也没想过要长期做这件事，我是**在做生意的过程中，才发现这里面有很多事值得钻研，且自己能从中体会到钻研的乐趣。**

为什么能体会到乐趣呢？因为我年轻的时候特别想为社会创造一些价值，而且我知道有不少跟我年纪差不多的人在十几岁的时候就有类似的想法。我发现做生意这件事可以实现。做生意之前，我曾在一家公司打工。打工的时候，我觉得只做老板安排的事还不够，自己还想多做点事，于是就和朋友琢磨着开办一家"万通代理事务所"，帮人跑腿、办事。我们甚至想好了具体的业务,比如帮人联系出书、帮人复印学习材料等。简单来说,就是开办一家类似于电影《顽主》里的"三T公司"的事务所。

当时我们很积极,甚至跑到北京的门头沟区做调研。我们把开办事务所这件事当成一个改变未来的新选择,所以特别主动。做着做着入了行,我们就创办了自己的"万通"公司,开始做房地产,这就是"万通"这个名字的由来。

在我看来,做房地产的过程,就像每天都在经历高考一样,总有一些题目让你解。没钱怎么办?这是一道题;借到钱以后,做了项目要怎么把它卖出去呢?这又是一道题;项目卖出去以后,钱能不能收回来呢?还是一道题……**就这样,每天都要面对一堆困难,前方不断有"坑"等着我们去填。**

久而久之,我们发现解决困难恰好能让自己成长。填上所有的坑以后,我们就成了所谓的人才。这时候大家会说:你们还挺能干,什么坑都能填上。**其实这些坑不是我们挖的,但是为了不让坑把前方的路挡了,我们不得不填上它们,然后继续前行。所以说,困难也好,难题也罢,如果不去解决,它就永远摆在那里;如果想办法解决掉,你就能继续前行。**

当然,你不能去做那个挖坑的人。咱们现在进入了一个"四全社会"——全透明、全留痕、全信用、全追责的社会。做错一件事,很可能马上就天下皆知。这就要求我们走正道,不但要依

法依规做事，规规矩矩经营企业，而且要兼顾社会责任，把企业经营与社会长期发展的需求相结合。所以有时在给公司的员工开会或者和大家聊天的时候，我会讲，我们要追求理想，顺便赚钱，也就是说，**我们做事情应该以正确的价值观为导向，而不应该完全以利益为导向，我们应该有一些是非取舍**。只有这样，我们才能合法地、稳定地、持续地获得收益。

14 现在创业难在哪里

近来,总有一些创业者在讨论现在的创业环境。不时有人问:现在创业究竟比过去容易,还是更难?现在的条件更好,还是更差?每被问及,我常常语塞。

我们都觉得现在的机会要比过去多,创业的条件和环境也比过去要好。想起来,这里面有很多的不同,其中最大的一个不同就是:**随着技术的进步,特别是随着互联网、大数据、云计算的迅猛发展,一不留神,我们已经进入"四全社会"。所谓"四全",就是全透明、全留痕、全信用、全追责。**它对创业者提出了更高的要求,也使我们现在的经营行为与早期"野蛮生长"的时候相比有非常多的不同。

第一,**全透明**。今天的社会较从前发生了很多变化,社会透明度比以往任何时候都要高。

现在这个社会到底透明到什么程度了呢?**大数据通过抓取你在电子设备上的浏览记录和你的消费记录,能够将你的个人偏好**

清晰地描绘出来。同时，现在很多地方都装有摄像头和天眼，它们能够记录你的一举一动。所以，我们每个人都应当注意规范自己的言行。

第二，**全留痕**。所谓全留痕，就是你做的所有事情的痕迹都会被留存，并通过大数据迅速地在后台建立起一份永不丢失的档案。从前你做一件事，就像在纸上用铅笔写字，写错了可以用橡皮擦掉，如果擦不掉还可以把纸揉成团扔了，换一张纸再写。可这在现在就行不通了，现在你做任何一件事都会留下记录，哪怕只是浏览了一个网页也留下记录。你的形象、指纹，甚至走路的姿势都被记录了下来，并被迅速整理成你的个人档案进行留存。**由于已经没有"橡皮"了，你做事情的时候就要特别谨慎，否则那些不好的痕迹将会伴随你一生。**

第三，**全信用**。过去，或许你的信用是在局部范围内保持的，你只在亲戚朋友面前做一个信用良好的人；现在，中国人民银行征信系统建立起企业信用信息基础数据库和个人信用信息基础数据库，其中企业信用信息基础数据库已经实现信贷记录全国联网查询，而个人信用信息基础数据库也已经实现了绝大部分人的信贷记录全国联网查询，这就意味着**无论在什么时候、什么地方，你都应该做一个信用良好的人。**

从前，你或许会在谈合作的时候忽悠对方，但现在只要对方拿起手机一搜，你的"底牌"基本上就暴露了；从前，有的公司会准备一大堆印章，如果用其中的一个章没办成事，就换一个印章再办；在河南没办成的事，跑到河北去可能就办成了；在这个地方借的钱还没还，换个地方还可以借到钱。

现在，想要一边欠债不还，一边大吃大喝，是不可能的事。由于被限制高消费，有些欠债不还的人甚至连飞机和高铁都坐不成，因为当他们把个人信息输入订票系统，系统发现他们的信用记录不良，就不会同意他们的购票申请。你可能一直都是一个信用良好的人，只是某一次忘记缴纳水电费或者信用卡没有按时还款，这也会影响到你的信用评级。**而作为企业经营者，如果你的信用出了问题，就会面临无法贷款、被限制乘坐飞机和高铁等问题。**

有这样一个小故事，虽然有些酸楚，但它确实是当下这个高透明度社会的一个侧影和真实写照。有个老板在生意顺利的时候帮助过很多人，也捐了不少钱做慈善，可后来他因为一个房地产项目没做好，一下子被套进去一两亿元，资金链断了。由于数据透明化，他的征信记录很差，所以他到处借钱都没借到。这件事让他感觉特别委屈，可是也无可奈何，最后几个好朋友私下里给他凑了200万元，然而那也是杯水车薪。为了去筹款解决资金问题，他想抓紧去外地出差，可这时候他已经不被允许乘坐飞机，甚至连高铁也不能坐，这让他越发地焦灼和惆怅。

第四，全追责。基于全透明、全留痕、全信用这三个要素，社会对没有履约的情况实行全追责。

这种追责，不是某一个人或者某一个机构对你追责，而是全社会对你追责。就像刚刚讲的那个做项目失利的老板，他由于资金链断裂，无法按时还钱，所以影响到个人征信，这个时候，银行会来追责，对他的信用卡进行某种程度的限额；铁路系统会来追责，限制他乘坐高铁；航空公司也会来追责，限制他乘坐飞机；如果他要注册新公司，工商局会来追责，不批准他的请求；如果他想要发行基金，基金管理部门也会来追责，不让他办理相关的业务。

当你犯了一个错误，全社会都会对你追责，这成了这个社会的一种默契。面对这样一个"四全社会"，创业者和企业经营者比以往任何时候都更加谨慎，把对信用资产的管理提到了一个前所未有的高度，把自己的信用看得比生命还要宝贵。

为了进一步打造更优质的信用制度，形成诚信守约的市场氛围和规范的、法治化的市场环境，"四全社会"大幅提高了违规违法的成本，这对今天的创业者和经营者提出了更高的要求。为此，我们必须依规守法，诚信经营，科学地管理企业，对客户负责，为客户提供更加周到、细致的服务，同时尽可能多地履行环保、扶贫、教育等方面的社会责任，才能使我们的企业进入良性发展的轨道，创造更大的成就和更好的未来。

15 更有可能成功的三类创业者

有些人选择去创业，而且做得挺好，也有些人选择去创业，却忙忙碌碌也没有什么收获，造成这种差别的原因，是运气还是能力？一个人应该有什么样的素质才可以去创业？或者说，什么样的人去创业比较容易取得成功？创业是否有好时机和坏时机之分呢？

一般来说，创业者中，有三类人往往做得不错。

第一类人是出于对某种事物的深度喜爱而走上创业之路的。琉璃工房的创始人杨惠姗和张毅夫妇就是这种类型的人。杨惠姗原本是一名演员，而她的先生张毅原本是一名导演，因为十分喜欢琉璃，夫妇俩毅然决然地投身琉璃制造事业。

第二类人是为了完成某种使命或者实现某个愿景才去创业的。对于这类人而言，使命和愿景会推着他们为之行动。比如马斯克，他想要提升太空服务并降低相应的成本，所以创办了太空探索技术公司；比如我认识的一个老板，他想要让治疗某种疾病变得容易且便宜，所以创办了一家医药公司。

第三类人是熟练掌握创业所需的各项技能、摸清了创业规律的人。他们是所谓的创业"老司机"，他们很可能长期在大公司里做管理或者投资工作，收入很高，也见过很多的创业实例，了解创业的规律，于是他们就拿点儿钱出来创业。

我认识一个开牛排店的老板，他曾经在国外待了很多年，很喜欢吃牛排，回到北京以后，就开了一家牛排店。其实在开店之外，他还有别的工作，且收入很高。因为很懂得怎么组建团队，怎么找到好的大厨和合适的店面，怎么给店面装修，所以对他来说，开牛排店并非难事。

一般来说，创业难的是找资金、找合伙人和找商业模式，这些都齐备了，创业才能走上轨道。创业"老司机"多数时候能够将这几件事做得很好，所以他们的创业之路相对平顺。我有一个朋友，早年间做房地产，后来有一阵儿他退出了商场，再后来由于一些原因，他又出来创业，拿出上亿元的资金收购了一家企业，一两年以后，他把这家企业卖掉，赚回一个多亿。我认识不少这样的创业者，他们中的一些人，每一桩生意都做得很不错，这是因为他们已经掌握了创业的规律。

当然，不管是上述情况中的哪一类，其实都是少数人。换句话说，**多数人并不适合创业**。创业是一种冒险，创业者要承担很多的责任和风险，而多数人其实更适合根据自己的能力、兴趣、居住地，去选择一份自己胜任的、安稳的工作来做，等他们挣到一定的钱了，再去做点儿投资，这样就挺好。

另外，与过去相比，创业的门槛变高了，投资者更倾向于投资创业"老司机"，而不是创业新手，融资的难度变大了。未来，市场对于创业者的要求只会更高，所以，对于想要创业的人，尤其是缺乏相关经验的人而言，创业要慎重。

16 缺钱之前的问题

在和创业者交流的时候，经常有人说，自己才创业几年就把之前融资筹到的钱花完了，可是想再融资却很难，而花掉这一大笔钱，又并没有获得太大的收益。其实这不是个例，而是大多数创业者会面临的问题。在我看来，一家公司走过创业初期那几年之后，一定要循序渐进地完成四件事。

第一件事是最基本的，那就是要把产品和服务做好。做好产品和服务靠的是什么？是人才，所以**第二件事就是要招募和培养人才**。有了好的产品和服务，也有了人才，会得到一个什么样的结果呢？会迎来**客户满意度的提升和客户数量的增长**。将这两件事循环往复，就能为公司赢得好的口碑，然后形成品牌。这也就是**第三件事**。做好前面三件事，才能得到资本的青睐，这时候才能做好**第四件事：融资**。如果前面三件事没做好，公司没有持续增长的能力，那么即使融资成功，时间长了，还是会出现一大堆解决不了的问题，这时候就会让投资者失去信心。

在经济下行的时候，很多创业公司都遇到了问题，都说没钱，实际上**缺钱只是一种表象，真正的问题往往出在钱之外的地方。**比如有的公司之前融资10亿元甚至20亿元，但现在还是很缺钱。这些钱都花到哪儿去了呢？这些钱没有花在产品、商业模式的打磨和人才培养方面，而是花在了急速扩张上。

他们为什么着急扩张？这其实是融资带给企业的一个负面影响。因为投资者追求业绩、规模和增长，所以企业拿到钱以后，为了让财务报表好看，让投资者满意，就容易头脑发热，一通扩张。在这个过程中，如果产品、人才、组织、管理等方面没跟上，就会到处出问题，还缺钱。

所以，首先要做好产品和服务，然后进行人才的招募和培养，接下来再去积累好口碑，有了这三样之后，就会有良好的现金流和利润，这时候无论是去融资、上市，还是在资本市场上并购别的公司，都会更有竞争力。

17 钱以外的东西才是软实力

常常听到一些人说,某某之所以能成功是因为他有钱,我不认同这种说法。

李嘉诚、比尔·盖茨,或者其他成功的企业家,他们开始创业的时候,比他们有钱的人多的是,为什么成功的不是那些人呢?由此可见,有没有钱并不能决定成败,是钱以外的东西决定了谁是最后的赢家。所以说,钱以外的东西才是软实力。

现在很多人过度追求自我的存在感,觉得无论自己走到哪儿都应该收到别人的鲜花和掌声,甚至吹捧,反观一些真正成功的人,比如李嘉诚,他会更多地关注周围人的感受,希望自己的存在让对方感到舒服,而不是带来不快。因此他总是很谦虚地说:"是时代给我特殊的机会,让我能够做成这样的事情。"

我有一个非常要好的朋友,他在财富榜单上排前几位。曾经他的一个哥们儿向他借 5000 万元买一只股票,当时他对这个哥们儿说,我借给你这笔钱你不要有压力,如果赚了咱们俩分,如果赔了算我的。后来这只股票的市值涨到了30亿元，这个时候来分的话，我的朋友至少能分走几亿元。最后他们到底是怎么分的呢？这个朋友坦言，当初自己答应借钱只是单纯地想要帮忙，所以就只要了5000万元外加一点儿利息。因为这件事，他建立了良好的信用，听说这个故事以后，我跟他一起做事就感觉特别踏实。这个信用就是他的软实力。

有一次王石卖了一块地给一个朋友，卖完的第二天晚上两人还一起吃饭，席间那个朋友对他说，不知道为什么，买完这块地以后心里总是有点儿不舒服。王石就让他回去以后再考虑一下，如果隔天早上还是觉得不舒服，那么就取消这笔买卖，把钱退还给他。第二天吃早饭的时候，王石问这个朋友，想明白了吗？舒服了吗？结果他说还是感觉不舒服，于是下午王石就把钱退了回去，这个朋友非常开心。后来谈起这件往事，王石坦言：如果我不那样做，或许对当时的我和万科来说只是一件小事，但是这种不舒服对那个朋友而言却是件大事，未来说不定他就因此不愿意再跟万科做生意了，所以我一定要让他舒服，就把这个钱退回去了。后来的事证明，那的确是块别扭的地。那件事之后，那块地在万科手里搁了好几年，也没赚到钱；而王石对那件事的处理方式为他挣得了一份信任，这份信任就是他的软实力。

上面的例子都在讲一个道理：不争即争，争即不争，不争让他们形成了软实力。他们之所以能够成功，能够成为了不起的人，其根本还是依靠这种软实力。

这些软实力是最重要的，我觉得一个人成功的根本就在这里。

18 用"纽约方式"做事，用"中国方式"吃饭

我的思维里有许多东西方文化交融的东西，或者更准确地说，是有很多东西方价值观交错的部分，二者之间没有优劣对错之分。在我看来，**东方的价值观倾向于从人的角度来看事情，而西方的价值观则更倾向于从事的角度来看事情**。所以，我做事时比较喜欢使用西方的价值观，而做人方面比较喜欢借鉴东方的价值观。

我曾经在纽约约见一个老板，当时我就是用"纽约方式"做事，用"中国方式"吃饭。所谓用"纽约方式"做事，就是聘请最贵的律师、会计师，使用最好的中介服务，以此来证明我的诚意。而在用"纽约方式"做事之外，我也没忘了用"中国方式"吃饭——单独邀请这个老板坐下来一起吃饭。结果到最后，我们两个人在饭桌上就把问题解决得差不多了。

还有一次，因为生意上的事，我和这个老板闹了些不愉快。那时候很多纽约人建议我起诉，按照他们的"纽约方式"证明我是正确的，没准儿还能获赔。但是最后我决定采用"中国方式"，放弃起诉。因为比起分辩眼前的对与错，我更看重未来的合作，

而眼下这点儿不愉快刚好有助于增进对彼此的了解。时间拉得长，是非就开始转变，昨是今非，此是彼非，比如在西方，礼服露肩膀，是礼仪，但是在中国传统里，露这么多是"非礼"，在美国是"是"，在中国是"非"。

咱们中国人看事情是把时间拉长了来看的，处理事情时讲究中庸、和平、宽恕、相反相成，通过"是"看待"非"，通过"非"找到"是"，这样一种文化视角，我称为"是非相对性"。我认为所谓"成本之前的成本，利润之后的利润"就是由这种是非相对性推断而来的，和人打交道的时候去"让"而不是去"争"，也是一种"中国方式"，这样做虽然看起来是吃亏，但其实是有大智慧在里面的。

19 不争是最大的争

咱们中国人在争与让的问题上，认为不争就是最大的争，这种拉长时间看问题的方式很有辩证的眼光。为什么这么说呢？我举一个简单的例子来说明。比方说你跟别人一起做生意，正常来讲能挣 10 元钱，如果你砍砍价就能挣到 15 元钱。可是如果砍价，人家觉得你这个人矫情，以后就不来找你合作；如果你不砍价，过两天人家可能还会来找你合作，因为他觉得你这个人爽快。如此一来，你们就形成了长期合作关系，这远比第一锤子买卖挣 15 元钱要划算。

这一让一争之间，结果迥然不同，因为"让"体现的是一种对人的尊重。我们无论做什么事都要充分估量对方付出的成本，让一让，就是承认对方劳动、奋斗、思考、学习的价值，你只顾高估自己的付出就会轻视对方的付出，这在中国的文化里属于不给别人面子。不给别人面子，就会伤到对方的自尊心，而充分地尊重对方，就是给足对方面子，按照鲁迅的说法，抓住了对方的面子就是抓住了对方的辫子，这时候问题往往能够迎刃而解。

不争就是最大的争,这句话的另一层深意是:所谓"不争"是指不针锋相对地争,不争左而争右,不争上而争下,不争今而争明,跟别人错开,人取我予,人予我取。这种做法看起来很笨,但如果拉长了时间来看,结论就完全不同了。

还以做生意为例。当所有人都争着去做一件事的时候,这件事就没什么油水可捞了,这种争是愚蠢的,因为竞争太激烈。相反,如果你在谁也看不上眼的领域每天折腾一点儿,虽然很艰难、很漫长,但是因为竞争对手少,而且十几二十年下来,本就为数不多的对手也都慢慢退出了,这样你成功的概率是极高的。这就是不争的智慧所在。

此外,这种不争,除了避其锋芒,还体现了一种胸怀、一种自信。人去"争"常常是由于不自信,怕别人拿走自己的利益,对未来充满信心的人才会"让",他们的心态往往是:你想拿就拿,反正我有的是。

形象地说,这很像中国的太极和气功。太极的功夫是让,让到底,最后反过来攻击;气功则是凝聚气场,然后慢慢发功。中国文化讲究日常做人的时候要降低自己,抬高别人,凝聚气场,该让的时候就让。

这里特别提一下万通早期的六个合伙人。我们六个合伙人在一起做了几年,然后分开,现在大家发展得都不错,关系还是很好。我们之间的相处之道就是让,彼此谦让,比如分家的时候大家都让一步就可以了,这就是中国文化里的智慧。

20 别在乎一城一池的得失

很多大学生和职场新人都感到困惑和纠结，他们觉得自己处处为别人着想，却还是被所在的环境排斥，他们放弃了自我的追求——甚至包括最基本的追求物质的本能，却还是与所在的环境格格不入。由于当下这个环境不能发挥自己的长处，他们想换地方，可是那样做了之后，他们又会担心别人觉得自己不够稳重；如果不换，自己的长处总是发挥不出来，又不能形成软实力……总之，他们很纠结。

我觉得在这种情况下，对个人和环境的关系应该算一个长期的账。

在短期内你总是帮别人是吃亏的，比如你借给别人 1 元钱，你自己就少了 1 元钱，但如果当别人需要 1 元钱的时候，你总是愿意出 1 元钱去帮助他们，10 年之后你可能会得到 1 万元的回报，这样看来你其实并不亏。总是愿意帮助别人的人，往往不是会去计较回报的人，如果他们在每一次帮助别人之后都把得失计算得清清楚楚，他们就不会去帮助别人，因为他们必定是吃亏的。

吃亏还是占便宜是人生永远算不清的账。

我也遇到过这样的问题，曾经我帮朋友处理了一些事情，结果这给我带来了数额高达好几千万元的债务，帮忙帮出一堆债务，我该怎么办呢？对于这件事，我的想法是虽然我吃了这么大的亏，但是我不能报警把他抓起来。如果他被抓起来坐了牢，他这一辈子就完了，所以，只要我还扛得住这些债务，我就慢慢扛着。那个朋友后来取得了事业上的成功，他的公司在美国纳斯达克上市，而我也没被债务压垮，独自将这些债务扛了下来。整件事得到了一个圆满的结果。

当然，我也是一个俗人，如果到现在还没处理完那件事，我心里也会不舒服。但是当时我的那个决定完全是个人价值观的导向，而不是精心计算的结果，如果我去算账就会一直纠结，因为这个账永远算不平。

总是计较一城一池的得失，反而会因此产生非常多的是非。

3

创业的底层逻辑

21 经营：越简单越好

有一个故事说，有一家人生了孩子，办满月酒。一个客人说："这孩子一定会长命百岁。"虽然这句话未必会变成现实，但孩子父母听了之后很开心。另一个人说："这孩子终究是会死的。"这话也没说错，但是在场的人都觉得他不会说话，要撵他走。

很多时候，企业就像这刚出生的小孩，谁都希望自己的企业能长命百岁，但是绝大部分企业最终都走向了死亡。从全世界来看，教育组织和宗教组织的寿命要远远超过企业。

我们从 20 世纪 80 年代末 90 年代初开始做生意。前几天我和朋友聊天，还说起，我们从二三十岁开始创业，一转眼，这都过去 30 年了。这 30 年来，我们见过非常多的企业，有的做着做着就没了，有的则一直活到了现在。

这就让我开始思考一个问题：什么样的企业能够在三四十年的时间里，不仅没有"死掉"，而且活得越来越好，规模越来越大？通过我的观察，我认为这样的企业往往具备三个特点，总结起来一共是六个字：**简单、专注、持久**。

所谓简单，就是要做到：公司的产品和商业模式简单；企业家的角色简单；公司的治理结构简单。企业要想活得久，不用思考太复杂的事情，首先就检讨自己够不够简单。越简单就越好。

首先是公司的产品和商业模式简单。 比如万科，它在很长一段时间里都只做一种产品，那就是住宅；又比如微信、抖音，它们一开始都是一个简单的产品，后来随着用户越来越多，它们的服务也不断增加。也就是说，产品简单就是公司的产品要聚焦。大家都知道，可口可乐公司是一家好公司，它的商业模式用四个字就说清楚了——卖汽水的，对吧？而如果你的产品很复杂，你的商业模式不能用一句话说清楚，别人又很难马上看明白，那你恐怕就得反思了。

其次是企业家的角色简单。 比如，万通是做地产的，我的角色就是地产商，地产商就是我最主要的角色，甚至是终身的角色。但如果一个企业家，不仅是企业家，还扮演教授、艺术家、明星等多个复杂的角色，那么这就预示着他和他的企业未来存在很多不确定性，这些不确定性背后可能暗藏着许多矛盾和风险，而它们将最终导致企业的崩溃。

我们看看今天还好好的那些企业家，比如王石，他就很简单。打从一开始，他就说他不当老板，只做经理人，30多年来，他一直坚守着这一点，退休以后就享受生活。再如曹德旺、刘永好，他们都在自己的行业安心做自己的事情，也都过得特别好。

最后，公司的治理结构简单。 如果公司的治理结构太复杂，那么有了争端的时候，就很难分清谁对谁错。比如，有的公司是夫妻店，结果两口子闹离婚，丈夫说自己是董事长，妻子说公司已经把他开除了，然而清官难断家务事，这样的治理结构，让人很难搞清楚这中间到底发生了什么。还有公司的股权关系，股东与董事会、经理的关系，以及公司的决策程序、公司的内部制度等都要简单、规范、透明，同时权责清晰。

光简单还不够，还得专注。

专注就是要把你的时间、精力、资源都集中在你的核心竞争能力和最重要的、最有生命力的业务上。所谓"一根针足以致人死命，但是拿枕头乱抢，伤不到敌人一点儿皮毛"，就是这个意思。

台湾有一个做房地产的老板，前些年，我和王石第一次去见她的时候，她在做女性公寓。那个时候台湾的人均 GDP 将近 3 万美元，市场已经萎缩了，所以新房很少。我们问她做了多少套女性公寓，她说 40 套。在大陆，生意做到这个量级都不能叫地产商。后来有一次我们又去见她，她说："我又做了一个产品，这次做的跟上次不一样。上次做的那 40 套是卖给单身但是不独居的女性的，现在做的是单身独居公寓；上次做的那种面积大一些，这次做的这种面积小一些。"我们问："这次做了多少套？"她说："24 套。"能把产品细分到这个程度，可见她对市场的研究是多么深刻和细致。所以，即便市场萎缩，她的公寓依旧卖得出去。举这个例子是想说，**专注意味着能够精益求精。如果你在一件事情、一个产品、一个项目上精益求精，做到让人感动，让人无法企及，让人叹为观止，那你的竞争力就形成了。**就像谭木匠，它是一家做梳子的企业，它把做梳子这件事做到了极致，所以今天成了一家发展非常好的企业。

再如，全国实体商业中，每平方米销售产出成绩最好的是北京 SKP。2020 年它的销售额达到 177 亿元，单店销售额和每平方米销售产出均为全球第一，问鼎全球"店王"。它为什么能取得这样的成绩呢？因为它专注于高端零售。这种专注达到什么程度了呢？它有超过 200 位的时尚买手，他们往返于世界各地，为北京 SKP 采购位于时尚潮流前端的、市场反应良好的产品。它还有几十位研究"美感消费"的视觉总监，帮助 SKP 打造舒适而兼具美感的视觉效果。**这种专注最终形成一条巨大的"护城河"，**使北京 SKP 无惧竞争者和线上购物对零售百货的冲击，即使在疫情之下也能实现销售增长。

有一种地产商，叫作收费开发商，他们的公司不一定很大，但是他们的能力一定是很强的。在纽约，最有能力的地产商有很多都是收费开发商，他们当中最厉害的人甚至只要出 5% 的钱就能分走 30% 的利润，而且还有人不断地来投资。这是为什么呢？这是因为投资者要是自己做一个项目，它最多能挣得 30% 的回报，但是如果把项目交给收费开发商去做，资本回报率能达到

30%以上。收费开发商之所以有这样的能耐,靠的就是对行业的深刻理解和超过同行的"手艺"。这种"手艺"是怎么得来的呢?**那就是专注于自己的行当,精益求精,不断地完善每一个细节,不断地创新。**

我参观过一家做小笼包的企业,这家企业就始终专注于做小笼包这件事,不断研究怎么把馅料的味道调得更好,怎么让小笼包的口感更好,并引入科技手段,使用人工智能操控机器来包包子,不仅使包子的制作过程更加标准化,而且效率很高。而和它同时开始做小笼包的,有的直到现在依旧是个早点摊子。

企业家的资源和精力是有限的,所以要懂得舍弃,懂得"做减法"。我在《扛住就是本事》这本书里提到过怡和集团的经营秘诀是减少决策,集团主席亨利·凯瑟克先生每天都聚精会神地关注着自己的企业,他为人极低调,为了防止自己的注意力被不必要的事情分散,他很少掺和经营企业以外的事情。**这种专注和勤奋,我认为是保证一家企业持续发展的十分重要的因素。**

如果已经做到了简单、专注,那么接下来只要长期坚持下去,做到持久,那么所谓"时间的复利"就出现了。时间会产生复利,企业存在的时间越长,产出的回报就越高,企业就越值钱。

高瓴资本集团的张磊出了一本书叫《价值》,他在书里反复提到一个词:长期主义。要做到长期主义,就要坚守自己的价值观,对于长期趋势要有一个深刻的认识，这样一来，你就能够看见别人看不见的地方。

所以，作为创业者和企业经营者，如果我们能够秉持初心，为了解决客户的问题，为了解决社会的问题，去做好产品、做好服务，然后坚持10年、20年、30年不动摇，在这个过程中不断创新，做到简单、专注、持久，我们的企业就能穿越时光存活下来。

22 决策：在不确定中找确定

在上一篇文章中我提到，怡和集团的主席亨利·凯瑟克先生做生意的一个秘诀就是减少决策。这就是说，一旦经营战略确定了，企业里的大小事务就都围绕这个战略去办理，不做大的变化，不用天天去折腾。

与怡和集团不一样的是，我发现国内的一些企业在 20 年时间里竟然做了 4 次战略上的转型，平均 5 年转型一次，而根据房地产行业的发展规律，像这样每 5 年转型一次，还每次都成功的企业几乎不存在。一些转型成功的企业，比如李嘉诚的长江实业地产有限公司、冯景禧的新鸿基地产发展有限公司，基本上每 15 到 20 年才会有一次大转型。

为什么这些地产商不着急让企业几年一转型呢？**因为他们心里的"未来"不一样，他们所想象的未来世界是完全不一样的世界。**所以，我觉得我们要思考这样一件事：我们今天应该为未来做什么？

我们先看一看未来到底是怎么构成的。

"未来"只有简单的两个字，但是如果在这两个字前面加上不同的定语，未来就会变得很复杂。比如，有一种叫"确定的未来"，还有一种叫"不确定的未来"。

何谓"确定的未来"？比如在某一天的几点几分，你要到哪个地方去做什么，只要事先计划，这些都是可以确定的；再比如某个人被检查出来患了癌症，医生预估他只剩2年的存活时间，对于在接下来的2年里要做什么，他也可以有明确的选择，这也是"确定的未来"。

"确定的未来"是相对容易面对的，**对企业来说，特别难的是面对"不确定的未来"**。比方说我们不确定未来的中美关系是什么样子，不确定未来中美贸易谈判的最终结果会是什么样，我们只能去面对。

面对这种情况，聪明一点儿、有一点儿经验的人会研究过去，比如第二次世界大战以后美国如何崛起，它对它的贸易伙伴做了什么，了解了这些历史并总结经验之后，他们就尝试把这些经验代入眼前这个不确定的未来，让它变得更确定。**但其实我们知道，在不确定中找到确定永远是最难的**。

此外，对于不同的行业来说，这种不确定也是各不相同的。比如互联网行业，也许突然有一天一项新技术冒出来，现在的这种互联网形态就被彻底颠覆了，这就是互联网行业的不确定性。

再说回我最熟悉的地产行业，大家都知道，现在做房地产，资金的投入都特别大,因为买下一块地可能要花费10亿元甚至20亿元。按照正常的流程,房地产企业拍下地以后,就在上面盖房子,等到房子盖好了再把它们卖出去,以此收回买地的资金。但是在这个卖房子的过程中,有一个很大的不确定因素,那就是限购。如果房子盖好正准备出售的时候刚好赶上该地区房产限购,那么资金回笼就必将受到影响。**所以说,决策的时候,所依据的都是确定的因素,但是最后决策失败,往往是由于不确定的因素。**就像人在谈恋爱时都觉得"你好,我也好",到了分手的时候说:"当初没想到你会学坏",这个学坏,就是不确定性。所以对于创业者、企业家来说,不断地学习、不停地研究就变得很重要,我们要尽可能地了解不确定性,尽可能地把它搞清楚。

怎么搞清楚呢?我们都不是上帝,要想完全、准确地搞清楚是不可能的,我们只需要掌握其中的一些规律就好。

比如地产行业的创业者和企业家,就应该去反复地研究过去200年的房地产发展史,去了解和接触世界上最主要的房地产市场和成功的地产企业。**把别人的过去当成我们的未来,大体上能够捕捉到一个规律,找到这个规律,确定性就多一点儿。**

通过研究我们发现,有一些行业,特别是房地产行业,200年来的发展轨迹基本没有变化,不像现在很多新兴的行业,变化很大。所以我们可以参考前人的经验去做事——人均GDP达到8000美元时怎么做房地产、人均GDP达到30000美元时怎么做房地产、人均 GDP 达到 50000 美元时怎么做房地产，这些都是有规律可循的。

　　人的需求是会随着自身情况的变化而变化的，在经济不富裕的时候，他们对餐馆的要求是能让他们吃饱就行，后来收入增加了，不光要求吃饱，还要求吃好，这对餐馆的要求就提高了，再后来他们收入更多了，不仅要求吃饱、吃好，还要求吃出很多花样来，这个时候餐馆之间的竞争就进一步加剧。

　　吃饭如此，住房也是如此。过去人们对房子的需求是一种功能性的需求，只要有一套房子可以住就行，现在中国的人均 GDP 突破 10000 美元，人均住房面积达到 40 平方米，人们对住房的需求不再仅仅满足于功能性的需求，而是开始追求品质和个性化，这更多的是一种改善型的需求，这个时候地产行业就进入二手房和存量房的时代，我们叫后开发时代，市场发生了改变。

　　我们从 3 年前开始就在研究这个事儿，都在赌自己心目中的未来，于是我减少了公司的开发业务，套现出来以后开始重新布局。**在开发时代，我们竞争的是规模、成本、速度，而进入后开发时代，我们竞争的是运营和资产管理。**

　　总的来说，我们要花大量的时间去研究自己所在的行业，特别是市场上那些已经成为规律的东西，这样才能让我们更好地把握不确定性，把不确定变成相对确定。

23 发展：剩者为王

现在是"剩者为王"的时代。"剩"是剩下的"剩"，剩下了，就成功了。要想成为"剩下"的企业，确实不容易。

2020年，尤其是在2020年上半年，有一部分企业由于受到各方面因素的影响，过得不太舒服，很多刚刚创业的朋友的公司倒闭了，而一些小微企业，虽然有政策的支持，但还是没有熬过疫情最严重的那一段时间，当然，也有些企业因为疫情寻得了商机，效益变得比往年更好了。**这世界就是这样，有人办"丧事"，就有人办"喜事"，有人把"喜事"当"丧事"办，有人把"丧事"当"喜事"办**，有时候甚至有人把"喜事"变成"丧事"，或者把"丧事"变成"喜事"。

光看别人的故事，似乎也解决不了自己当下的问题。你看见别人天天过年，自己碗里却连一块肉都没有，你还是得着急。对企业经营者来说，做好自己的事很重要。**如果遇到困难，首先要做的是尽可能地压缩成本，减少开支。**

其次，**要重新定位，找准企业未来成长模式和成长空间**。找到成长模式和成长空间以后，企业就要据此赶紧布局。

最后，**要拥抱变化，在公司的组织、人事、产品、服务网络等方面，进行相应的调整**。变化随时发生，作为创业者，你是躲不过去的。与其焦虑、惆怅、后悔甚至逃避，不如积极拥抱变化，直面问题。综上，要想"剩下来"，就要做到趋势判断正确、资源准备充分、战略选择正确、治理结构优良、管理准确有效、人才不断涌入。

做企业，大家比的不是在顺风顺水的时候谁跑得快，而是在有困难的时候谁能先找到好的办法解决问题，能够做到这一点，就跑到了前面。

通过过去30年的观察，我得到了一个特别有意思的结论：有时候，最后"剩下"的并不是因为跑得最快，而是因为前头跑得快的都没能挺住，而它挺住了，于是原本在后头的，就变成前头的了，所以说"剩者为王"。任何时候都不容易，每个当下有每个当下的难题。在面对难题时努力扛住，能"剩下"，你就是最优秀的，你就有希望在你的行业里成为"剩"者、长久的"胜"者和未来的领航者。

24 模式：富士康挣"硬"钱，乔布斯吃"软"饭

什么叫吃"软"饭，什么是挣"硬"钱？

以房地产行业为例，怎样做才能跑赢对手呢？有两种方式：一种是向外扩张，提升开发力度与广度，买更多的地，盖更多的房，跟富士康一样，做的是实业，挣的是"硬"钱；另一种是把挣钱的渠道放在价值链打造和财富管理上，就像乔布斯的苹果公司那样，做的是创意，吃的是"软"饭。

再举个例子。我有个朋友是做衬衫加工的，他加工世界各地的名牌衬衫。他告诉我，假设一件衬衫的售价是100元钱，他的加工费是17元钱，扣除成本他大概挣4~5元钱。那品牌方从中能挣到多少钱呢？扣除加工费，再扣除物流、分销等中间环节的费用，答案是40~50元钱，可见靠品牌挣钱也是吃"软"饭，吃"软"饭却挣得比他多，还多了不止一倍。

去新加坡的时候，我了解到在打造新加坡环球影城的所有花

费中，用于支付知识产权的费用占到总费用的近一半，这种通过知识产权挣钱的方式，也是典型的吃"软"饭。

受到这件事的启发，我认为我们的战略不应该只是简单的扩张，而应该注重价值链的打造，所以后来万通就特别注重加强营销，通过研发、价值链的重新打造和财富的优化管理来创造新的增长，不再是简单地追求卖很多房，而是向吃"软"饭靠拢。

为什么要这样做呢？原因很简单，比如同样是卖房子，你卖100万平方米房子的回报率是2%，而我在打造价值链上下功夫，深度研发和营销，将回报率提升到20%，那我10万平方米房子的估值和你100万平方米房子的估值是一样的。在这个例子里，你只能简单地依靠规模上的扩大来挣钱，但是我通过加强研发、营销等提升了软实力，吃到了"软"饭。

换句话说，吃"软"饭就是要增加你的知识，扩大你的影响力，去进行高端竞争，而不是简单地满足于扩大规模，甘于低端竞争。钱是硬家伙，你必须挣到钱，才能证明你"软"饭吃得对。

25 管理:"脖子以上"和"脖子以下"

有创业者问我,你是如何做到既办企业又做公益,还能挤出时间写书的,这其中有什么诀窍?

其实,我们可以把一家公司分为两个部分——"脖子以上"的部分和"脖子以下"的部分。

什么是"脖子以上"?有人说办公司要有使命、愿景、价值观。这个使命、愿景、价值观就属于"脖子以上"的内容,当然,公司的战略、公司的治理、团队配置等也被包括在内。企业的领导者首先要做好"脖子以上"的部分。简单来说,就是在组织上、架构上把人"团"起来,然后让他们帮你做事,达到你追求的目标,而不是每件事你都亲力亲为。

以企业组织架构的变化为例,一些著名的企业在 30 年前刚创业的时候,采用的是哥俩合伙的模式,后来变成"红帽子企业",接着成了乡镇企业,再后来改制为股份有限公司,接着又变成公众公司,最后又把公司拆小,改用平台加"战斗单位"的模式。

促使这种变化产生的一个因素,就是为了提升效率。我们公司也是这样。在过去的3年里，我们公司在运营模式上有非常大的变化。概括来说，就是"价值观、小组织、自驱动、低成本、高回报"，在这种模式下，每一个产品背后都有一个团队，团队采用合伙人机制，靠使命驱动，用价值观约束。这样一来，效率就很高，采用这样的模式，我能兼顾很多事，而且还不太累。

26 领导力：真正的领导者是虚空的

我喜欢读老子的《道德经》，我觉得《道德经》里讲了很多为君之道。很多人可能不这么认为，觉得《道德经》很虚，很难理解。书里确实说得比较抽象，但实际上是在告诉大家怎样把虚的变成实的。比如，有为和无为就讲了一个道理：**真正的领导者实际上是虚空的。**

所谓虚空，就是说你有战略、有价值观，但你不做具体的事情，看着很虚空，但是真正有智慧的领导者就是用愿景、价值观和感染力说服大家，然后引导大家去做事情。

换句话说，用正确的价值观、用战略来感染和管理一个组织，这是最好的领导者，这就是通过虚空换得实有。而如果一个董事长总在做一些很"实"的工作，比如销售总监或者财务总监的工作，却没有把握公司前进的方向，那么这种"实"到最后就变成"无"，公司这艘大船不知道会驶向何方。

从这个角度来看，我觉得老子的《道德经》讲得最多的是为君之道，放在今天来看就是告诉大家一个好的领导应该管什么、不应该管什么、怎么管。《道德经》里讲得很充分，像"将欲取之，必先予之"讲的是相反相成的道理，从反向行动使劲得到正向的结果；像"为而不有"，说的是你做一件事，即使成功了也不占有它，不让它成为一个包袱；像"无为而为"，是说你每天怀着"空杯心态"，这样跟人打交道时你才能谦虚。

27 合作：选择"合格的交易对手"

经常有年轻的创业者问我该怎么维系跟合作者的关系，是应该靠友情、靠利益，还是靠别的什么呢？我觉得，要维系好跟合作者的关系，**最重要的是一开始就选对合作者**。如果一开始找的合作对象不合适，之后扯皮打架的烦心事就必定少不了。

怎么选择好的合作对象呢？有一个办法叫选择"合格的交易对手"。

早些年，我们跟国外一家很著名的企业有一个合作。谈了一段时间以后，对方始终不跟我们签任何合约。我觉得很纳闷，谈得很愉快，为什么不签呢？最后对方的一个工作人员告诉我，他们要权衡我们公司是不是一个合格的交易对手。

我问他："什么叫合格的交易对手？"

他只说他们还要考察我们。

考察什么呢？第一，**考察我们做这个项目的动机是不是纯正**，有没有别的想法。比如做房地产，很多人说是为了盖房子，实际上是为了炒地，这叫动机不纯。所以他们要看我们的动机有没有

3 创业的底层逻辑

问题。

第二，要看我们的公司有没有跟他们合作的实力。

第三，还要看我们过去有没有不良记录，甚至把我个人的信用卡消费记录都查了个遍。他们认为，如果一个人过去有不良的信用记录，那么，未来他也有可能不履约，继而给别人造成损失。

更有意思的是，他们为了考察我们，还出了很多奇怪的题目。比如他们刚到中国时，突然让我帮忙约很多人见面吃饭，其中不乏著名的企业家，却只给我们几天时间，他们认为，"如果你们做不到，那就说明你们公司的实力不够"。他们就用这样的方式，来确定我们公司是不是"合格的交易对手"。

通过和他们交手，我发现这确实是一个很好的思路。在很多时候，我们不能轻易地和别人合作，在谈合作之前，要反复打量对方是不是合格的交易对手。如果对方是合格的交易对手，动机很正确，诚信度很高，能力也很强，那么在这种情况下，双方只需要签订合约就能够促成良好的合作。即使合作过程中有了纠纷，也只需要适当地进行利益调整，就能使问题得到解决。

除此之外，还要记住一句话：**因信任而理解，因理解而跟随，因跟随而成就。**

我看过一个故事，讲的是在抗美援朝期间，有一支即将奔赴前线的部队在后方休整。两名战士在打球时发生了冲撞，打了起来，部队的一位领导去劝架，其中一位战士由于正在气头上，胡乱抡拳头，就把劝架的领导给打了。看到领导挨了拳头，警卫们当然就不干了，上去就把那名战士捆起来，押到了司令部，请领导发落。让大家意想不到的是，挨了打的领导过去解开了绳子，连夸小伙子厉害："连我都敢打，那上前线打敌人更不在话下。"然后就把他给放了。因为有领导的"激励"，后来这名战士在战场上变得更加勇敢，奋勇杀敌。

这个故事给我留下了很深的印象。挨了拳头之后，这个领导首先做的不是责备那名对他挥拳的战士，而是信任他，因为信任，找到了一个方式去理解他的行为。我觉得这很有意思。人与人之间可能会出现非常多的冲突，与其"针尖对麦芒"地处理，不如选择信任与理解，这样问题反而迎刃而解。

我做生意时也碰到过类似的事情。有一段时间，我们与怡和洋行有合作。那个时候，怡和洋行已经有一百多年的历史，而我们的公司才成立十几年。

当时我们合作的一个项目是盖一片比较高档的住宅，我们是占股60%的大股东。在合作过程中出现了一些"别扭"，对方提出要支出8000万元用于支付测量师、结构工程师、结构顾问和机电顾问等人的服务费。而在当时的北京，做再高档的住宅也不花这个钱。于是我们这边就有人说："他们肯定是在黑我们的钱，通过中间人把钱揣自己口袋里了。"

面对那个情况，我们确实也很犯难，不知道这笔钱该不该花，因为当时我们没有经验。我们就好像是村里人刚进城，没办法判断城里人的这个做法是对还是不对。犹豫了一段时间之后，我就跟我们这边的一个老总说："虽然我不知道他们的做法对不对，但是我选择相信他们的判断。"

他问："为什么？"

我说："这就相当于一个贫苦山村里的姑娘嫁到城里，她会发现城里人洗澡用的是自来水，不是河沟里的水；生了孩子要雇保姆，自己的衣服让别人洗，孩子也让别人带，这看上去似乎是乱花钱。但是我仔细一想，如果不花这个钱，她还叫城里人吗？"

他听完以后点点头，说："好像是这么个理。那8000万元没准儿就是很牛的公司才要花的，而咱们现在不够牛，所以我们不懂。咱们花一次，也许就牛了。"

就这样，我们选择了相信，并想办法让自己去理解，而这个项目也成了当时北京CBD（中央商务区）高端住宅里唯一在这些方面花了这么多钱的。

后来我们到香港一看，才知道原来那些都是盖房子的标配，好的房子没有这些东西就不行。如果你说你盖的公寓非常好，可它在建造过程中既没有聘请结构顾问，也没有聘请机电顾问，客户是不相信的。因为客户会质疑："你这个公寓的结构靠不靠谱，机电的匹配是不是合理呢？"客户不能确定这些信息，就会认为你的这个公寓不行。

可以说，我们正是因为信任，才去想办法理解，因为理解才去跟随，因为跟随才去成就。后来我们才知道，在人均 GDP 超过两万美元的城市，盖这种公寓都得花那笔钱，那个成本是必须花的。

但是如果当时我们没有选择相信呢？那我们就不会去理解，也就不会有比较好的后续了。

这种信任与理解是怎么来的呢？我觉得有时候用逻辑没法判断，得靠直觉，直觉会告诉你，你该怎么做。就像人谈恋爱，他说"我爱你"，得到她积极的回应——"我也爱你"，这个时候他们就是相信彼此的话。

28 营销：被记住的永远不是钱

我一直在想一件事，营销。我所观察到的营销有两类：一类是摆个摊吆喝，然后把摆的这点儿东西卖出去；还有一类是温水炖肉式的，慢慢炖，有时候可能只是在营销一种观念，甚至不需要投入成本。

我们要把营销这件事搞清楚，最重要的是研究"购买行为"，不把"购买行为"搞清楚，怎么会懂得营销呢？大家买东西无外乎三种原因。

第一种是买来使用。比如缺个指甲刀，因为着急用，所以随手就买了，至于是什么品牌的，那不重要。对于这种功能性较强的东西，在急切需要的时候，我们与它的品牌和长期的价值是没有情感联结的。

第二种是出于某种情感。这就像很多粉丝对明星的态度，有的明星有几千万粉丝，如果他推荐一件衣服，粉丝们会争相购买，甚至只是推荐一款松花蛋，也能一晚上卖出几万份。在这个过程中，这件商品好不好用、好不好吃，其实已经不太重要了。

第三种是情感需求和使用需求的双重需要。生活中有些人会购买保健品，一方面是相信它们会对身体有益，另一方面是它们也确实有一定的功效。那么在这个购买的过程中，就是把对它们的情感需求和使用需求结合在一起了。

我们日常在便利店买的东西更多的是实用性的，而**营销的最高境界是把有用和情感、价值观捆在一起**。

企业要想长期发展，营销是很重要的一个环节。

做营销，要用价值观跟客户产生长期的联结，而不是短期的盈利。钱是会被遗忘的。**自从地球上有了钱这种东西，一直到今天，真正被大家记住的不是钱本身，而是钱和人、钱和事的联结。**钱用来干什么了，钱跟什么人发生了关系，大家都记着，至于钱的具体数额，大家却忘记了。

比如，当年广州十三行的首富有多少钱，现在还有多少人知道呢？而十三行作为当时被特许经营对外贸易的专业商行，却被人一再提起。由此可见，建立公司和客户之间长期、稳定的价值观联系是很重要的。

在房地产企业里，我觉得万科在这一点上就做得很好。比如早年间万科出品的杂志《万科周刊》就跟白领、中产阶级建立起了一种情感联结，所以到今天，万科仍然有大量的拥趸。就连我姐姐买房的时候，也毫不犹豫地选择万科，她并没有考虑万科的房子比其他地产出品的房子便宜多少、功能怎么样，她就是信任。

跟客户建立起长期、稳定的联结，能够激发购买行为，接下来，就是以多少钱卖的问题。

很多时候，情感联结越强，人们就越不在乎钱。比如两个人谈恋爱时，我的钱就是你的钱，分手之后，你的钱不是我的钱，我拿了你的钱就要还给你。也就是说，情到浓时，就不那么在乎钱了。同样，公司也需要通过品牌来强化跟客户的情感联结，品牌所讲的故事越打动人，故事背后所传达的价值观与客户的联结度越高，能讲价的地方就越多。

比如，杜蕾斯早期宣传产品的时候，强调它们的产品能够避孕，解决人类的性和生育之间的矛盾。后来，杰士邦宣传产品的时候就针对很多疾病通过性传播的事实，而强调它们的产品的保护作用，能够保护使用者的安全。强调避孕，在某种程度上会勾起人们的某种负面情绪，而强调安全，就跟人们建立起一种正面的情感联结，由满足避孕的需要到满足安全的需要，品牌的核心定位、故事不一样了，产品的市场规模也就不一样了。

房地产领域的品牌，我觉得可以分成三种。第一种叫公司品牌，第二种叫企业家品牌，第三种叫产品品牌。

房地产行业往往注重公司品牌。我喜欢万科，所以老讲万科。

万科的公司品牌就做得很好，而李嘉诚就属于把个人品牌做得很厉害的类型。

一家企业最理想的状态是产品品牌、企业家品牌、公司品牌都做得很好，这样它的品牌溢价能力最强，但现实中很少有企业能做到这一点。

个人品牌往往有风险，因为企业家是会变的，一旦企业家的形象崩塌，想要重建就困难了。房子不是快销品，产品品牌一定会经历多次重组、升级，**所以对于房地产企业而言，最重要的就是打造公司品牌**。公司品牌的生命力相对持久，但是公司品牌的建立，需要花费很长的时间。

我之前提到过，要做好一家企业，就要做好四件事——首先，做好产品；其次，招揽人才组建优秀的团队；再次，做好品牌；最后，通过好产品、优秀的团队、好的品牌，使公司变得更有价值。当一家企业做好这四件事的时候，这家企业的品牌就能被广泛认可。

29 危机:"逆行者"的成功秘诀

疫情防控期间很多行业都像被按了"暂停键",地产行业也如此,不少地产公司都出现了负增长。即便如此,仍然有"逆行者"的例子。

2020年2月,香港置地控股有限公司(以下简称"香港置地")以310.5亿元的价格在上海徐汇区买下一块地,创下了国内单幅地的最高价,当时正值疫情防控期间,大家都很恐慌,这时候香港置地却如此大手笔,可见他们面对危机依旧淡定。

买地的故事,正好可以回答一个问题——如何才能在危机来临的时候淡定,不恐慌、不掉队,甚至继续发展呢?

香港置地是一家有着130多年历史的企业,在长达一个多世纪里,它经历过多次危机,可谓九死一生。在这个过程中,它得到了教训,获得了经验,所以它能够始终保持稳健。

在房地产行业,所谓"稳健",不仅是要求负债率低,而且要求产品的品质足够好,服务体系、品牌等让大家信赖。如果仅仅是负债率很低,但是项目的选址很烂,那也不叫稳健。因为稳健不仅是不死，还要挣钱。

香港置地的稳健，体现在几个方面。

第一，现金充沛，杠杆低，负债率低。这非常重要。它的净负债率在20%左右，净负债率特别低。

第二，它永远在最贵的地方、最核心的地段，做品质最好的物业，租给最有钱的人。

第三，它拥有专业的系统，为客户持之以恒地提供服务。优质的服务让客户产生依赖和信任。

我们知道，企业在发展过程中，碰到危机是在所难免的。每隔二三十年遇到一两场"生死劫"也都正常。经历之后要怎么做呢？应该像香港置地那样，建立一套体系和机制，然后在下一次危机出现的时候，能逮住机会，实现发展。

在大家都忙着降杠杆、保现金流的时候，这家拥有130多年历史的企业成了行业中的"逆行者"。

4

软实力，硬道理

30 软实力是时间与事件的积累

软实力有一个特点，它的形成是一个积累的过程。软实力是价值观，是习惯，年轻人应该强化自己某些方面的能力，慢慢积累下来，就会形成软实力。我当过老师，也做过研究，说话对我来说是比较不费力的事情，说话就是我的软实力的体现，在创业初期，是这个技能帮我借到了钱。

品牌也是软实力的一种，品牌的打造也需要时间的积累，需要通过事件和行动让客户建立起信任。比如 2012 年的英国石油公司（BP）石油召回事件，当时因为聚合物杂质含量超标，容易导致汽车熄火或难以发动，BP 决定在美国召回 50000 桶无铅汽油（大约为 210 万加仑）。此次召回使 BP 损失了几百亿美元，但也保护了品牌价值，因为只有召回，客户才能相信 BP 是诚信的，才能重拾对它的信心。

人也一样，如果你想让周围的人相信你是这样的人，而不是那样的人，你就要通过事件和时间让别人去相信，而不能一蹴而就。比如，你想让大家相信你是诚信的人，要怎么做呢？路遥知马力，日久见人心。信守承诺，信用记录良好，这样坚持做七八年上十年，就能收获大家的信任。

我曾经给一个朋友的项目投资，他很努力，财务也透明，但是这个项目还是亏了很多钱。于是我对他说，你亏了钱证明了一件事，你是一个好人，但不是一个能人。因为你是一个好人，所以你下次还可以跟我谈合作。如果你挣了钱把钱卷跑了，那就证明你是一个能人，却不是一个好人，我不可能再跟你谈第二次合作。

31 聪明人的性格是金牌

有人这样总结：学历是铜牌，能力是银牌，性格是金牌，人脉是王牌。我对这句话的绝大部分没有异议，但我认为人脉不应该是王牌。

什么才是王牌？最强、最有把握的东西才能称得上王牌，最有把握的东西不能是别人的东西，得是自己的东西。所以，我认为**理想和价值观才是王牌**。

为什么理想和价值观是王牌？南辕北辙的故事大家都知道，方向不对，再有把握也达不到目的地。**确定理想就确定了方向，价值观是判断方向是否正确的标准**。如果方向正确，虽然最终能走多远是不确定的，但肯定在起点与终点之间。

比尔·盖茨是大学肄业，还有一些企业家是高中、初中都没有读完的，学历只是一块铜牌，有了理想和价值观这块王牌，你才能更好地去奋斗。

那为什么**性格是金牌**？

有些人的性格会妨碍其成功，比如在 20 世纪的中国有很多少年班，也就是所谓的神童班，当初能被选入少年班的人都是同龄人中的佼佼者，但是他们长大后有所成就的很少。为什么会这样呢？这是因为在学识之外，性格对一个人的成功也有很大的影响。如果性格特别古怪，沟通能力、表达能力等都比较弱，不受人欢迎，那么想成功几乎没有可能。

一般来说，一个人的性格在小的时候就已经塑造得差不多了，长大以后，只会为了适应环境做一些微调。**当有大喜之事或者大悲之事发生时，一个人的性格才有可能发生非常大的改变。**

大喜之事或者大悲之事的发生往往不由我们的个人意志所决定，而这种意料之外的经历使我们更加懂得是非、爱恨和生死。懂得这些，我们就变得更加勇敢、坚强。

20 多岁时的勇敢，更多的是一种带着冲动的勇敢，而 30 多岁时的勇敢，则是一种从容淡定的勇敢。要想完成这种转变，就需要多经历磨炼。很多年轻人遇到问题的时候，不敢面对，他们首先想到的是逃避，这个时候，**把"丧事"当"喜事"办，勇敢面对，才能获得成长。**

年轻的时候受苦是福气，老的时候受苦是悲剧。因为年轻的时候你身体好，不怎么生病，睡哪儿都行，也不怕累，恢复又快，痛苦很快就过去了。等你 60 岁的时候，还没地方吃饭，没地方睡觉，没钱看病，那才是真的痛苦。

所以，我认为年轻人面对痛苦要坚强，但这种坚强不是凭空来的。首先要有一个正确的价值观。这样一来，碰到大悲之事的时候你可以化解它，能够把"丧事"当"喜事"办，还能用很好的精神状态面对它，并在这个过程中锻造你的性格。

32 沟通能力是一种软实力

沟通能力是一种软实力。

在公司处理和同事、领导之间的关系要依靠沟通，自己创业做生意是跟人打交道，也离不开沟通。

沟通能力也是管理者最重要的能力之一。

我有个朋友是所在公司的部门经理，他手下有一个比他年纪更大、资格更老的员工，有时遇到问题不向他汇报，爱自作主张，这让朋友感到很苦恼。我也碰到过这样的事情，对于这种情况，我认为就应该直接沟通，因为**大部分的矛盾都是源于缺乏沟通，其实只要说清楚了，许多问题都不是问题。**

有人问我，他的个人能力高于他的领导，他该怎么处理跟领导的关系呢？答案仍然是沟通。这个时候，沟通的方式很重要，可以增加跟领导在非正式场合的沟通，尤其是遇到重要的问题时，一定要多跟领导商量和请教。如果不去积极主动地沟通，矛盾和隔阂只会越来越大。

有人问过我一个挺有意思的问题。

他告诉我，他去一家公司面试的时候，人力资源总监问他的职业规划是什么。他说，他希望自己用入职的前3年提高交际能力、语言表达能力和对事物的判断能力。人力资源总监听了他的回答，认为他对自己的未来缺乏明确的规划，因此没有让他通过面试。他认为未来有太多未知的地方，自己做的又是很基础的工作，这个时候非要让他做出一个明确的职业规划很难，他感到很困惑，于是问我到底应该怎么回答那位人力资源总监的问题。

要回答好这个问题就要注意沟通方式的选择。

通常，如果面试官是人力资源总监，依照程序，多半会问应聘者这个问题，回答的时候就应该围绕这个问题给出一个相对规范化的答案，否则，应聘者可能很难进入下一轮面试。

如果面试官是这家公司的主要负责人或者老板，那么应聘者就可以适当表达自己的真实想法，因为公司的主要负责人和老板往往喜欢不拘一格的人，他们会对有想法的人青眼相加，同时，他们会觉得，真实很可贵。

此外，组织和团体内出现的很多问题往往也是源于沟通不当，它们会影响组织和团体内的气氛，这些问题如果长期得不到解决就会变成组织和团体内的"癌症"，所以如果你发现自己所在的组织或团体有这种问题，就必须加强沟通，尽可能解决问题。

33 沟通时要给足人面子

年轻人往往有很强的自我意识，比较关注自我，甚至有些自我崇拜，这就使得他们在跟比他们年长的领导沟通时经常遇到一些问题。比如，发现朋友的缺点之后，他们会不客气地直接指出来，而与领导意见相左的时候，他们也丝毫不转变自己的沟通方式，直截了当地反对领导，让领导下不了台。

让沟通保持顺畅有三个重要方面。

第一，沟通双方的价值观一致，或在某一方面有相同的认知。

沟通双方如果在性格、文化、地域、教育背景、家庭背景等方面的情况差不多，有一致的价值观，那么他们之间的交流就相对顺畅。

第二，要注意在不同场合使用不同的沟通方式。

在中国，讲究面子，给面子的沟通和不给面子的沟通，其效果大相径庭。

什么叫面子？根据西方人的解读，"面子"就是：你的行为使我倍感尊荣。所谓给一个人面子，就是要给他这种感觉。具体怎么做呢？比如，你在人前或背后表扬他，就是给他面子；如果你当众批评他，他就感觉面子掉在地上了，颜面无存，心里肯定不舒服，这样的话，你们之间的沟通就很难进行下去了。

第三，在沟通时给对方一定的利益。 对方要点儿实惠，那就给他点儿甜头，摸清了他的心理需求才能让沟通更顺利。

我们公司曾经有一个外国员工，他和公司发生了纠纷，自己处理不了，于是想捞点儿好处然后离开。他辗转通过别人告诉我，要请我吃饭。我说："吃饭就不必了吧，我们就有事说事。"结果他说："你们中国人不是要先吃饭才能办事的吗？"我心生好奇，虽然觉得这个老外没搞懂中国人的文化，但还是答应了。

在饭桌上，他表达了他所有的诉求，眼巴巴地看着我，希望我能满足。最后我告诉他，他的大部分要求我都不能同意。他突然有点儿生气，面带愠色地说："中国人不是吃了饭就答应办事的吗？为什么你吃了我的饭，又不答应呢？"我也乐了，我说："你邀请我吃饭，我愿意来是给你面子，但我来吃饭不代表答应你所有的要求。因为你想要得到的东西，比这一顿饭要贵重得多。"

"面子？好复杂啊。"

"那好吧，为了让你更有面子，今天我来埋单。"

"这又是为什么？"

"这样你就可以和别人讲,是董事长请我吃饭。"

结果他说:"太复杂了,太复杂了。我们还是按美国的处事方式来吧,我希望公司能满足我的这个要求,如果公司不答应,我就找律师处理这件事。"

什么时候给对方面子呢?往往是在觉得有潜在的更大的回报的时候。同时,给对方面子的成本要特别低。如果这个成本很高,或者说回报不够大的时候,人会本能地趋向于不给对方面子。此外,人们还会去看"求我"的是谁,假如现在有一个很牛的人找来,哪怕没有实际意义上的回报,也可能给他面子,因为可以到外面炫耀——"这么牛的人都来找我了",这是一种隐形的回报。

所以,给不给对方面子一个是看回报的大小,另一个是看对象是谁。总的来说,面子大,交换的利益就大,给的实惠也大;面子小,则一般不会产生很大的利益交换。不过**每个人对"面子值多少钱"的认知是有差异的**,所以很可能我认为给足了你面子,但是你感受到的分量却是另一个程度的。这时,就产生了落差,你可能就会在心里埋怨:"我这么给你面子,你怎么这样对我?"

另外,为什么我们常说"人情冷暖"?当一个人走背运的时候,他的面子的价值几乎为零。我做生意之前做过一段时间的管理者,有一个司机经常载我。后来我下海了,刚开始时,我很落魄,有一次又坐他的车,他把我载到一个地方,就停下了,我说:"我还没到呢。"他说:"你已经不是领导了,我只能送你到这儿。"后来我们公司对外发行股票的时候，他来找我。他忘了自己不给我面子的事情，来找我是希望我给他一个面子。我当时觉得挺窝火，但想了想，还是给了他这个面子。

换句话说，面子的价值是会随着对方身份的变化而变化的。如果一个人一直落魄，那么很可能他走到哪里都没有面子；而如果一个人很牛，那么很可能无论他找谁，对方都愿意给他面子，反过来别人也会找到他，希望他给个面子。**所以，做好自己，让自己拥有更大的成长性，你的面子自然就有了。**

其实，**去考量给不给谁面子，去计较这当中的得失，是会降低做事情的效率的。**但是如果完全按照西方的处事方式，遇到问题都通过律师来处理，彼此之间的相处可能会变得非常难堪、非常痛苦。**因此，处理事情的最高境界，是"又有面子，又有里子"，名利双收。**这是我们所认为的最理想的状态。

作为创业者，他们每天都要处理大量的关系，如果不懂得"面子哲学"，在商场上会显得很笨拙，所以一定要记住：**无论处理什么样的关系，沟通时要给足人面子。**

34 为人处世上学会做中国人

在不同的地方长大的人，除了在语言、饮食、风俗习惯等方面很不一样之外，大家待人接物的方式也很不同。

那么，如何提升自己待人接物方面的能力呢？

首先，你做事要有一个好的出发点。

我拿工作来举个例子。有两个人在同一家公司上班，一个选择到这家公司上班是因为自身的职业发展方向跟公司的愿景、价值观一致，那么在工作过程中，他可能就会更愿意付出；而另一个人，来这家公司上班纯粹是为了养家糊口，那么可能下班时间一到，他就赶紧回家，不愿意加班或者接受额外的工作任务。这样的两个人在公司的人际关系自然会很不同。前面那个，往往比较受公司领导和同事的喜欢，后面那个，在公司的人际关系很可能会逐渐变得紧张。

可见，不同的出发点会带来不同的结果。工作上如此，在生活中与人交往也是如此。

其次，要学会主动沟通，并注意沟通方式。

很多时候，事成与不成，人能不能相处，关键在于沟通得好不好，而很多人际关系不顺畅的原因，就在于双方都不主动沟通，或者沟通的方式有问题。

有时候，大家评价一个人，说"这个人很拽"。所谓"很拽"，就是沟通时不主动，要等别人先跟他说话，他才说；沟通时不注意倾听或者老把人顶回去。这种人该怎么改变呢？办法很简单，主动说话，多倾听，说话时措辞和缓一些，给人留面子就好了，别"拽"，也别"装"。

再次，也是特别重要的一点，就是学会做中国人。

这句话听起来好像有点儿怪，也许你会说："我生长在中国，难道我还不会做一个中国人吗？"事实上，很多人真的不会"做中国人"。我们是一个讲究仪式、重视面子的民族。在我们的文化里，面子很重要，人情很重要。所以，你怎么给人面子，也是沟通过程中很重要的一个方面。而且，在越是传统的、乡土的、封闭的地方，面子越重要。

古人说，"世事洞明皆学问，人情练达即文章"。所谓"人情练达"，就是为人处世时能巧妙地在面子和里子之间找到一个平衡点，把握好这一点，才能在沟通中更加进退有度、游刃有余。比如，揭人不揭短，打人不打脸，对吧？这是我们的面子文化中一个很小的要求；又如，该帮助别人的时候要帮助别人，该讲道理的时候讲道理，该讲感情的时候讲感情，这是我们中国人的沟通方式，跟美国人、日本人、韩国人的沟通方式不一样。

最后，从长远来看，为人处世一定要有善意和诚意。这很重要。

跟朋友交往是件长期的事。比如，你和你的朋友，从认识开始，可能要相处几十年。你的善意和诚意将在这几十年里被人验证。假如前20年里你一直都做得很好，那么后20年里朋友就会特别地信任你，在你需要帮助的时候会帮助你，你们能够处得比较融洽，你也能够从朋友身上学到东西，共同发展。

35 待人接物要既做演员又当观众

对于现在的年轻人而言，出国留学是很常见的。由于每个国家都有自己的特色，有自己发展的历程，因此中外文化存在许多差异。且不说西方，哪怕是和我们接壤的印度、不丹，或者与我们隔海相望的印度尼西亚、菲律宾，其文化也跟我国有很大的不同。因此，当他们学成归来时，常常会因为国内外的文化差异出现对环境不适应的情况。

这种不适应，可能是因为在国外适应并接受了一套新的规则，也可能是因为忘掉了原来的一些规则，所以归国后，要重新接受或者说找回原来的规则。如果他们想在中国这片土地上生活，就得适应并接受中国的文化，然后找到一个让自己舒服、自然的状态。 比如，你先学会了踢英式足球，后来又开始练习踢美式足球，一段时间之后你要重新开始踢英式足球，就得进行两套规则间的切换，而在这个过程中，你多少会感到有些不自在或者说不舒服。

对于海归而言，该如何克服这种不适应，如何缓解不舒服的感觉呢？

根据我的经验，这个时候如果你能有一种"既做演员又当观众"的心态，你会舒服很多。一个人如果只做演员会很痛苦，比如你在台上演了一出悲剧，下了台回到家以后还没有出戏，日子就没法过了。你可以上午演一出悲剧，下午演一出喜剧，下班以后回家做一个观众，过正常的生活，角色转换得越快，你就越自如。很多时候，你的不适应缘于你没有切换，或者拒绝切换。

事实上，我认为一个走得远、看的事情多、经历比较丰富的人，相比长期生活在本土的人，看问题的角度会更多样，判断力和角色转换的能力也会更强。

与这些海归的经历相反，我年轻的时候没有机会出国读书，于是就在国内待着，说好中国话，办好中国事，吃好中国饭，做好中国人，这些事情都做好之后，才偶尔出一次国，即便如此，也会感受到文化上的冲突。既然他们选择回来，就得转换角色，学会适应本土文化，按照本地规则行事。

当然，这种转换并不是说要全盘否定，而是要学会折中。

举个例子，早年我们做生意时签的合同就只有简简单单的一页纸，现在我们会准备三个版本的合同：一个是中国版的合同，比较简单，只有两三页纸的篇幅；另一个是国际版的合同，比较复杂，长达几十页；还有一个是折中的版本，其篇幅处于中国版与国际版之间。如果我们只准备国际版的比较复杂的合同，很多本土的合作伙伴会感到不习惯，但是如果沿用中国版的合同，又签得过于简单，我们不放心，所以就搞了个折中版的合同。

这个折中，实际上是我们对传统的合同进行了一些更改，同时又考虑到本地的一些习惯的结果，我们就这样一边适应，一边进步。

5

人脉不是设计出来的

36 来参加追悼会的人才是真朋友

朋友是什么？

有人说，朋友就是与自己志同道合的人，大家有着共同的理想和爱好，在一起非常谈得来。

有人说，朋友是在关键的时候能够给予帮助的人。

有人认为，交朋友是为了彼此身上可利用的价值。没有永远的朋友，只有永远的利益，朋友就是事业上、生活上的垫脚石。

也有人认为，交朋友不是为了找玩伴，也不是为了积累人脉，交朋友不是为了索取，大家在一起不是由于任何现实的原因。朋友就像空气，也许你并不时常想起，但是你需要的时候他都在。

大多数人对朋友的定义就像上面讲的那样，但是**依照我自己的标准，来参加追悼会的人才是真朋友**。

朋友有两个非常重要的功能。

第一个是满足情感交流的需要。人是社会性的动物，需要情感的交流，而朋友可以让你在一个小圈子里进行情感交流，大家一起谈天说地，好不愉快。**第二个是满足安全感的需要**。人无论走到哪儿都需要安全感，而朋友就是那个在你需要的时候，会为你两肋插刀的人，也是那个肯定你的价值，会为你的成功鼓掌的人。

谈到朋友就不能不谈友情。

俄罗斯有位作家将友情和爱情进行比较，他说友情比爱情更可贵，因为友情不立马索取回报，爱情却不然。比如女孩对男孩说"我爱你"，这时候她多半也等着听男孩说"我也爱你"，如果男孩没有这样回应，那女孩可能马上有火气了；而朋友呢，没事能听你唠叨两句，不需要你支付报酬，你没钱了可以借钱给你，不需要你支付利息。所以说，爱情从本质上来讲比友情更自私。

37 装腔作势的人做不了朋友

有人说,要想做伟大的人,就得慢下来,走路要慢,开车要慢,说话也要慢,慢代表成熟。要我说,这就是装腔作势。

装腔作势是故作姿态,是在扮演别人,扮演自己不能胜任的角色,比如明明没有必要,却无论走到哪里,后边都配上三个保镖跟着。这就有一点儿装。如果确实有危险,那么配上五个、十个保镖都没关系,因为这是真的有需要。

装腔作势的人不能成为我的朋友。

我对朋友的要求就是要坦诚,不一定要达到肝胆相照的程度,但是要有共同的想法,有共同的兴趣。我交朋友有个步骤,先以事谋人,后以人谋事。所谓以事谋人,就是在一起做事的过程中观察对方,考量对方是不是能够成为我的朋友,如果能够成为朋友,那么就可以进行下一步——以人谋事,也就是跟朋友在一起做事。

所以,要成为我的朋友,最重要的一点就是要坦诚,也就是——别装，一装就变成演戏了。你演这个，我演那个，彼此都挺累。现在大家都挺忙的，如果大家都保持坦诚，那么慢慢地就能一起折腾，一起做事。

38 朋友数列：10、30、60

经过多年的工作和社会交往，我的朋友还是比较多的，我把这些朋友按交情分了几个层级。社会心理学家做过一个研究，研究结果表明，人们交朋友基本上分成 10、30、60 这三个层级。

10 是什么？这个 10 是说**你最亲密的朋友的数量一般不超过 10 个**，这 10 个人是你资金紧张的时候可以借到钱的人，是你最困难的时候，能带给你安全感，成为你的后盾的人。

下一级是 30，这群**人你时不时会联系一下，能间歇性地聚会，会彼此惦念，需要对方帮助的时候打个电话知会一声就可以，大约有 30 个**。这些人你可能一周联系一次，一个月见两三次，他们可能是你的亲属、同学、同事等。

再往下一级是 60。这 60 个人是你很久没联系，但是一打电话还能愉快地聊天，有事情找他还能一起做事的人。比如，那些你 10 年没见的同学，就属于这个层级。有时候这个层级里的人与上一级的人有一些重叠。

我认为我的情况就符合这个规律。别看我电话号码本里有3000多个联系人,但常联系的也就百十来人,他们是跟我的生活、工作有关系的人。你们可以自己算一下,不论你对朋友的定义多么宽泛,在你的一生之中,真正的朋友的数量一般不超过100人。

在这100人当中,有10个人是最稳定的,有30个人是比较稳定的,还有60个人是变动的。在那60人当中,有的是很久都不出现的,有的是偶尔出现一下,大家一起聊两句,或者一起办一件事。可能聊完了,事情办好了,就再也见不到了。当然,是不是朋友不能靠见面次数来评定,有些人你天天见,但充其量只是混个脸儿熟,成不了朋友。

还有一些人,可能很难进入你的交友范围,因为他们与你结交往往有某种明确的目的,比如向你推销商品的人、找你拉投资的人等,他们找到你更多的不是为了交朋友,而是套交情。当然,在这些人中也有例外,可能他最初是来套交情的,但是后来由于你们共同创业,在持续的交往中,你们认可了彼此,从而变成朋友。所以,不能一概而论。

39 朋友决定视野

人一生中会遇到指路型、默契型、倾听型、互助型等多种类型的朋友，在不同时期选择的朋友也是不同的。对于初出茅庐、没有什么社会阅历的年轻人而言，指路型的朋友适合他；对于想找人合伙做一番事业的人而言，默契型的朋友肯定是他的首选；对于失意的、想找人分担痛苦的人或者有强烈表达欲望的人而言，倾听型的朋友最能满足他的需要；而如果是价值观已经成熟、事业稳定的人，则会倾向于选择互助型的朋友。

我的工作与生活使我与多个年龄层的人打过交道，**现在的我更倾向于选择互助型的朋友，我们互相切磋，共同寻找解决问题的方法，在这种互助中找到前进的方向。在我的朋友圈中，这种类型的朋友是最多的。**

比如，我的一个朋友是某家上市公司的董事长，他刚刚解决某个困难，想放松一下，又或者他最近有了一些新的想法想跟我探讨，于是找我一起吃饭，也许这个朋友跟我不在同一个行业，但是与他交往可以帮助我开阔视野。

这些朋友都是我自己找到的。

比如王石，我们认识十多年了，我刚认识他的时候，正值他的公司上市，他遇到一些问题，于是我们一起去解决。那时我们讨论了很多问题，比如理想型的企业为什么走不远。这么多年来，我们始终关系密切。

我们并不一起做生意，而是一直保持着互助的交往模式。比如，当初王石并不看好纽约中国中心这个项目，但是当我做这个项目遇到困难的时候，他却跟我说：你必须做下去。这给了我一种精神上的支持。再如，当我在犹豫要不要请天津泰达集团有限公司来做万通的战略投资人的时候，我就征询他的意见，他说这是一个很好的选择，后来我们果然和泰达合作得非常好。

我们这个圈子的交往规则主要有三条：**第一是要坦率**，不要"装"，在小圈子里"装"是很没意思的一件事；**第二是不要追求功利**，朋友之间的交往应该无所求，这才是最高的境界；**第三是要谦虚**，池塘里的水为什么能越积越多？因为地势低，低的地方才能容纳更多。交朋友也是一样，你要谦虚。如果你不够谦虚，总是希望教导别人，又很"装"，那么你很快就会被踢出朋友圈。所以说，小范围地交朋友，真实、谦虚、没有功利色彩，大家都会舒服。

坦诚、尊重他人、谦虚是很多事业成功的人共同的特点。有些不够坦诚、不够尊重他人、不够谦虚的人偶然也会成功,但是长远来看,他的这种态度必将导致大的失败。所以说一定要谦虚!

此外,跟朋友相处还有一个小技巧:**当面说坏话,背后多说好话,这样才是真朋友!**

40 朋友不是用钱去交的

古人说得好,君子之交淡如水。不要为了钱去交朋友,但遇到困难的时候可以去寻求朋友的帮助。

我跟王石的关系挺好,但我不是因为他有钱才去结交他,我与他交往是为了从精神上、人格上、企业管理上去寻求交流。当我遇到困难时,我跟他说:"大哥,你得帮我一下。"那个时候我也理直气壮。他有困难的时候,比如最开始登山的时候,也会找朋友凑钱,当然,现在不需要了。

交朋友更多的是缘于共同的爱好。多去参加一些感兴趣的活动,比如旅行、打高尔夫、打扑克等。王石身边有来自各行各业的爱好登山的朋友,而我是一个军事迷,身边有很多爱好军事的朋友。实际上,你的爱好越多,接触到的人就越多,跨界、跨年龄、跨身份,都有可能。就怕你只有那么一点儿爱好,又不怎么参加活动。

还有一个交朋友的方式是学习、深造。我发现听课是一个很好的方式,比如你去读MBA,就能在班上接触到各式各样的同学，在互联网上也可以接触到很多好玩的朋友，现在还有一些社交网站……总之交朋友的方式有很多。不过你交朋友的时候要真诚，不能忽悠别人，你是什么样子就展现出什么样子，以你的真诚换取别人的真诚，这才是一个好的交友态度。

有些朋友，一开始接触的时候，你觉得你们很投缘，但交往下来，就逐渐发现你们只是在一两个方面投缘，这时候不必苛求，不要因此觉得"前路无知己"，你要坚信能走进你的精神世界的人还是很多的。

你在不同的阶段需要的朋友是不一样的。对于前面说到的四种类型的朋友——指路型、默契型、倾听型、互助型，你要根据自己的状况进行选择，这是一个很自然的过程。我跟王石的关系是互助型的，十多年来我们讨论的都是与企业发展相关的重大问题，这种朋友相对比较少；我也有一些阶段性的朋友，关系也不错；还有一些朋友是我的同学，这种同学类的朋友更多的是能够满足我们的情感交流方面的需要。

在不同阶段，朋友跟你的关系也是不一样的。有一些朋友做了伤害你的事，让你比较闹心，这个时候不必纠结，不要犹豫，尽早将他从你的朋友圈清除出去，就像删除电脑和手机上的无用资料那样，清除了，看不到了，你就不闹心了。他已经做了损害友谊的事，这样的朋友就该果断放弃。

41 正向激励是最好的财富

我既有王石这样交往多年的朋友,也有易小迪这样一起干事业的朋友,那是一段非常开心的岁月,虽然我们最终还是选择分开做,但是在我们心底,好的、快乐的记忆要多于不好的、不愉快的记忆,这是我们今天还有往来的一个很重要的原因。

对我们六个人来说,那些一起奋斗的日子是生命中很重要的记忆。

那时他们20多岁,我30多岁,我们的故事,是很好的年轻人的创业故事。直到现在,我还会经常回过头来感激那段旅程。

如今,我们六个人身体健康,经常聚会,**大家都在好的价值观的引导下书写着自己的商业故事,而且都过得不错,持续给彼此带来正向的激励**。这是一个比较理想的友谊状态,也是一个比较愉快的生命过程。

6

高价值的朋友圈

42 和伟大的人在一起

近朱者赤,近墨者黑。要想判断一个人怎么样,可以看他的朋友是谁。决定伟大的两个因素,除了时间,还有跟谁在一起。

有的人说,他要跟伟大的人在一起,接受熏陶,但很快他就发现,这个机会是渺茫的。我从小就喜欢学先进,在小学、中学、大学时期都爱给很牛的人写信——那个时候没别的联络途径,只能写信。他们中的大部分人都没有理我,我只收到了为数不多的回信。我写了一篇关于国际关系的论文寄给北大的一个研究世界史的教授,这个教授给我写了一页纸的回信,他在信中特别鼓励我。这封信不长,但我拿在手里反复看了很久,直到读硕士研究生期间,我依然经常翻阅这封信,以此来激励自己努力去思考一些问题。因为有这样的经历,我非常能理解有些人想要跟伟大或成功的人在一起的想法。

通过办电子杂志《风马牛》,我认识了一位朋友。他当时从外地来北京,希望在创业的路上多拜访一些人,其中包括创办中国知名企业的企业家,但他很难见到他们。有一次,他堵到我的办公室门口一定要见我，我跟他聊了一会儿。当我了解到他的拜访请求常常被拒绝的时候，我能感觉到一个创业者不被大家接纳、得不到帮助的苦闷。其实哪怕只是两三分钟或者两三句话的鼓励，或许都能改变他的未来。所以我告诉他：如果你要拜访的人是我认识的，我帮你介绍。有一次，他站在俞敏洪的办公室门口进不去，发短信向我求助，我就跟俞敏洪说这个人是我的朋友。后来俞敏洪接见了他，虽然也只聊了很短的时间，但老俞给了他很多鼓励，这给了他很大的信心。直到现在，他仍然在创业的道路上坚持、努力。

我开始自己创业的时候，也见过很多人。我意外地发现，**从他们待人接物的方式就能看到他们的未来**：凡是趾高气扬地教育我的人，后来的发展都不太好；凡是特别谦逊、认真地跟我交流的人，后来发展得都很不错，其中不乏成为名人的，比如王石。

跟王石第一次见面时，我们没有出去吃饭，而是坐在那儿侃了一上午，那时他说我们太理想主义，说得我们心里不太舒服，也有点不服。过了两年，又见面的时候，我们慢慢听进去了他的话，后来我们就集中精力做房地产，我还很认真地写了篇文章《学习万科好榜样》。

43 我心目中的任正非

任正非是在今天的中国商界很能立得住的一个名字。

从我听说到了解任正非其人，已经过去了快 20 年。第一次听说任正非的时候，我对他的了解很浅。因为他总是很低调，不怎么见媒体。直到有一天，有一个朋友告诉我，任正非看过我的书《野蛮生长》，想要约我聊一聊。他会和我聊什么呢？他从事的是电信和制造业，而且是年龄比我大的企业家，而我是一个做房地产的，当时我觉得我们好像有点不搭调。

那次聊天，任总给我留下的印象就一个字——"大"。第一，块头挺大，他个子高、身形比较大；第二，格局大，我们做房地产那会儿，只盯着一块地、一件事，而他考虑的是全世界的事；第三，视野大，他给我横着讲、纵着讲，讲了很多历史，也讲了很多在国外的见闻。

他聊天跟别人不一样，很多时候大企业家也好，做小买卖的也好，聊的事都比较小，比如聊自己怎么赚到钱、多么牛，**而他喜欢谈一些辽远、空旷的事，或者说纵向垂直很深的事。**

那次聊天之后，我们没再多联络。后来有一天，华为突然给我打电话，告诉我任总请我参加一个活动。这很少见，因为华为的活动跟房地产业没有什么关系。任总也不太喜欢举办论坛之类的活动。正因为这样，我一定要去参加。活动是在北京西边的一个地方办的。当时我进了胡同一看，里面是个院子，院子里摆了两横排像对坐吃西餐的桌子。

那天的现场有中关村科技园以及教育部门的领导，还有一些文化人。这个人员组成看起来非常奇怪，我看不明白这个活动攒的是什么事。不过就像之前讲的，我对任总的第一印象是"大"，所以我认为他找我们为的一定是件大事。

我记得那天正值初春，天气特别好，树已经开始发芽了。他们在院子里挂了一块幕布，循环播放片子，有时候播出的是烽火硝烟的画面，有时候播出的是很多年轻人在街头演讲、唱歌的画面。大家都不知道这是个什么活动，这个时候任总来了。

会上，任总说"今天请大家来，就是为一件事"，听到这里，在场的人都以为是一件特别大的事，结果没想到他是请大家来帮忙想校训的。

任总的高中是在贵州省黔南州都匀市读的，叫都匀一中。那是一所很老的学校，老到它的历史可以一直追溯到明代嘉靖年间。都匀一中出了任总这么一个优秀的校友，现任校长希望他捐款支持学校建设。

任总答应了校长的请求，并问校长学校的校训是什么，校长答不上来。于是任总对这位校长说:"如果你不能把校训搞清楚,不清楚为什么要办学校、怎么样办学校、想办成什么样的学校,我找朋友来帮你搞清楚,我们一起来定校训,定好校训就按照校训的要求去做,然后我捐款支持你。"

听了这次活动的缘起,大家都特别兴奋。这是一件私事,也是一件公事,关键是大家从来没想过在捐一笔钱给学校之前,要学校把校训讲清楚。我事后一想,任总这个做法确实很有道理,**做一件事最要紧的地方不在于钱,在于理,不在于事情本身,在于它的缘起和发心。**

大家拿起桌子上的资料看,发现资料准备得特别齐全,不仅收录了当今中国著名学校的校训,甚至还收录了民国时期一些学校的校训。后来,任总还给大家播放了一段讲述都匀一中校史的视频,大家就根据这段视频和桌上的资料,边看边想。

这时候我才发现,定校训是一件挺有讲究的事。有的校训是往大里写的,有的校训是往小里写;有的是写给学生的,强调品格的塑造;有的是写给校长的,强调办学的宗旨;有的则是写给时代的,要求全体师生爱国、敬业。

最后任总让大家把想法写在纸上,他收集起来回去跟校长再研究。过了一段日子,任总还把这件事的结果反馈给了大家,定好的校训是六个字:**立志、崇实、担当。**

这校训是定给学生的,也是定给学校的。他希望学生立志、崇实、担当,希望自己和老师们踏踏实实办学校,办一所生命力顽强的学校。此外，学校要承担起时代和社会赋予的责任。其实这六个字里面，也有任总自己的身影。作为一个企业家，他和今天的华为都秉承立志、崇实、担当在做事。

为了帮助学校定校训，任总请来这么多的朋友，花了这么多的精力，直到今天，每当我想起这件事还是很感动，因为我从没见过哪个人像任总这样重视定校训这件事。他要帮助这所学校明确发展的愿景和方向，同时再投一笔钱给它，让它有充足的资金把学校办好。这件事让我意识到，原来任总不仅"大"，还"轴"。这个"轴"就是坚持、较劲，**这是一种一定要把事情搞透的劲头。**这也是我们跟任总之间的差距，我们做事的时候不够较劲，不够往深里凿，不够当真，不够坚持，不够用心，而他能够30多年如一日地坚持内心的那个理、那个劲，然后低调地埋头做事，就像他研究这个校训一样。这么较劲的事，是不大容易做出来的，任总真是挺牛的一个人。

我第三次跟任总打交道是间接的。当时国家鼓励国有企业进行混合所有制改革，有一家大型中央企业的领导联系我，说他们希望华为加入他们的混改，可以答应华为提出的一切条件，各方面都给予优惠，绝对满足需求。

于是我给华为的一位顾问打电话，他和任总有过很多交流，对华为有很深的理解。电话里他刚听到一半的时候就说："你别谈了，这事不行。"原来，任总给华为定了一个原则，叫"占便宜"的事不做，之所以定下这样一个原则，原因是他认为：

1. 占了别人的便宜才做事，是机会主义的做法，这种做法干不好事业。

2. 只想着"占便宜"，就不能按照自己的发展战略去做事了。

3. 一上来就给好处，让华为去做平时不做的、不重要的事，肯定不行。

电话里，那位顾问告诉我，几年前，美国有一家公司效益不好，于是希望以 400 万美元的价格卖给华为。当时这家公司的业务和华为的业务一点都不沾边，没有收购的必要。任正非了解到这个情况以后，在 400 万美元的基础上追加了 50 万美元，买下了这家公司。他为什么会做出这个决定呢？因为他研究后认为，未来华为的业务会和这家公司的业务在战略上重合。几年之后，华为果然发展到了那个阶段，这家公司足足帮华为赚了好几亿美元。**这就是华为，不做"占便宜"的事，只做跟战略、业务相关的事。**

从任总的身上我认识到，**真正优秀的企业家，一定是有原则的。他有一个属于他自己的"理"，而这个"理"、这个原则，就是他发心的开始，也是他立志的根据，更是他站稳脚跟的理由，同时也是他一生追求的理想，是他做事的方法以及判断是非的边界。**这个东西也叫价值观，是企业立身的根本和护身符。

今天，"任正非"三个字赢得这么多的尊重，华为获得这么高的市场地位，跟任总的这些理念和特质是分不开的，正是这样的理念和特质，帮助华为站在了行业的前端和竞争的制高点。

这就是我心目中的任正非。

44 刘永好的"永好法则"

我跟刘永好认识 20 多年了,他给过我很多帮助,我也从他身上学习到了一些特别优秀的品质。无论是企业管理还是生活方面,永好大哥的言行都给我留下了很好的印象,而且给了我很大的启发。

永好大哥做事有一个特点——"未算胜,先算败"。什么意思呢?举个例子,我们合作过一个房地产项目,在开会讨论一些具体的事情是否可操作的时候,我发现,我们两个人考虑问题的角度很不同。

我是一个比较乐观的人,看事情总是先往乐观的角度看。这样当然容易冒进。因为,有些时候,乐观的预期是有条件的。只有当假定的前提存在时,乐观的结果才会出现。比如,政策宽松了、环境优化了等。可是实际上,这些充满了不确定性,因此会显得略微冒进。

而永好大哥呢,他总是提醒大家从另一角度考虑问题。他都是先算成本，而且还算得特别保守，然后再考虑是做还是不做。也就是说，他总是先把最坏的情况放到桌面上，把可能发生的最严酷的情况算进来，把可能的最坏的结局也摆进来，然后考虑在这样的条件下，一个项目能不能做。如果在这样的情况下还能做，那就做；反之就坚决不做。这就叫"未算胜，先算败"。按这种方式，他否定了好几个项目。

事实证明，永好大哥这样的思维方法、算账方法，是有道理的，而且成功率比较高。在房地产行业，用这种谨慎的方法算账可以避免很多风险。

房地产行业里，有一个算账的原则跟永好大哥的逻辑是一样的。如果说，我这种乐观的算账原则叫**"收入预期"原则**，也就是根据预期收益来做决策，那么那种算账原则就是**"成本底线"原则**。

什么是"成本底线"原则呢？简而言之，就是始终从成本方面去把控风险，从而保证资金和企业的安全。比如拿地，要按照市价的七折来拿，高于七折他就会犹豫。拿到地以后，在算这个房子的销售收益时，也按市场的七折来计算，以此为前提来核算成本。这样一来，这个项目在成本上已经比别的项目多了近一半的优势。这样，即便在市场行情不好的时候，将房子对折出售，也能保证不亏钱。

在市场竞争中，用"成本底线"原则算账看起来是个笨办法，但它确实是一个安全防御之法。我们对市场的预期往往过于乐观，不考虑最大的风险，没有从成本出发去进行严格的风险控制，久而久之，当市场没那么景气的时候，我们就会吃一些苦头。这个时候，回过头来看，就会发现永好大哥的这个"成本底线"原则是稳妥的，是有道理的。

不过，永好大哥的方法，虽然更安全、更可靠，但也不容易做到，必须坚持。举个例子，我们在温州做过一个项目。有一次算成本，一直算到半夜两点多也没算下来。后来我和永好大哥两个人留下来，再交流、沟通，那时他的态度非常坚定，只要成本过高，宁愿不做，也不让步。正因为他的坚持，后来在遇到市场行情变差、出现其他负担的时候，这个项目抵御了风险，蹚过了困难，最终顺利地完成了。

为什么我和永好大哥的算账方法会有如此大的不同呢？

我从1991年开始做房地产。房地产这个行业，在过去一直是走上坡路的，这就使得企业的发展，在很大程度上依靠运气。所以，这个行业里，有很多企业靠运气挣了钱，运气不好的时候又把钱赔了进去。换句话说，它们是把运气当成了本事，把偶尔的成功当成了稳定的实力，永远都预期乐观，所以不断冒风险，而且越冒越大。因此导致房地产行业里相当多的企业都是这样的一种思维模式——"未算败，先算胜"，按预期收益来决策。

而永好大哥呢，他的创业之路是从种植、养殖起步的，所以对成本非常敏感，由于售价上没有太大的提升空间，提高利润最有效甚至唯一的方法就是控制成本。这跟房地产行业很不一样。在房地产行业里,大家总是通过调整对售价的预期来克服成本的变化。

思路上的不同,使永好大哥做房地产反而比地产行业的多数企业更稳妥,盈利水平更高,而且更可持续。所以,在这个方面,我一直在向永好大哥学习。现在,我也对控制成本给予了更大的关注。

特别值得一提的是,永好大哥关注成本,还不只是关注总的成本,他甚至会很认真地研究每个户型、每个细节。有一次,我们在北京开会,一起讨论西安的一个项目,其中就包括对户型的规划。永好大哥听完汇报,就说:"这个户型肯定不赚钱。"我非常惊讶:"我们做房地产这么长时间,都没看出这个问题,你怎么一下子就看出来了?"于是,他开始一五一十地分析这个户型结构的成本,而基于这样高的成本,这个户型在西安肯定是赚不到钱的。

我要说的关于永好大哥的第二件事,是他有大情怀,而且特别厚道。他的大情怀集中体现在他对农业、农村、农民的持续关注和抱有热情上。办企业这么多年来,他始终扎根于农村。

平时,他总是话不太多。但是,每当说到农业、农村、农民的话题,说到猪、鸭、鸡,说到世界上那些著名的农业企业是怎么发展起来的,它们的信息化是怎么做的,我们的农业企业应该怎么来学习、对标,怎么发展的时候,永好大哥就会一下子兴奋起来，变得滔滔不绝，而且能够说到点儿上。

如今，永好大哥已经近70岁了，仍然在为农村的事业不停地学习，不停地改变自己。他提出要做"四新企业"（"四新"，即新机制、新起点、新科技、新赛道），将公司从上到下，包括管理团队、管理方法、管理机制在内的多个方面，进行几乎是脱胎换骨的改变，让公司有新的希望、新的生命、新的前景。

如果不是对农村有十分的热爱，不是投入了如此真诚的感情，是不可能花这么大的力气，在将近70岁的时候，再次完成公司变革的。他正是凭着自己对农村的真诚和热爱，始终围绕农业的发展、农民的生计、农村的进步，才完成公司变革，促进企业进一步发展的。

前一阵子，我们一些企业家创立了一个公益慈善基金会，以支持延安大学创办一所乡村发展研究院，使之成为一个事关乡村发展的人才培训基地和智库。为此，我去跟永好大哥请教，请求他的支持。我跟他说这件事的时候，他不仅一口答应，而且当场表示希望作为一个发起人，参加这个公益基金会，还点拨了很多具体事项。他在电话里说了一个多小时，对基金会和研究院的发展有很大的帮助。

过了几天，他又打电话给我，说想成立一个乡村发展联盟，希望乡村发展研究院能够参与。当时他的兴奋劲深深感染了我，我在电话这头也能充分地感受到他内心的高兴和能够为农村做一点事的成就感。

作为企业家,坚持在一个不容易赚钱的行业里深耕近40年,这体现了永好大哥对农村深沉的关切,对农业发展的热爱。我国是个农业大国,在农业现代化过程中,需要一批像永好大哥这样的人,怀着真诚的热爱,持续地去推动这个事业的发展。所以,永好大哥做的事让我感叹,他是一个非常有责任感的人。

关于永好大哥,还有一件事给我留下了很深的印象,那就是,永好大哥是一个不"装"的人,是一个生活非常简朴,而且非常自律的人。

我没见过他有任何豪车,一般的企业家的车都比他的好。他不讲究什么牌子,认为车就是一个代步工具。另外,他在吃上也不讲究。我们一块儿吃饭,无论吃什么,他都很高兴。有一次,我们在街边的小店里吃回锅肉,他还跟我们分析那大概是用什么品种的猪肉做的,然后跟我们讲不同品种的猪肉分别应该怎么做才能做出好吃的回锅肉。那顿饭我们也吃得十分高兴。

他在生活中从不抱怨,不会在物质方面提出苛刻的要求,也不会提出任何不满意,更不会追求所谓的"生活品质""生活格调",而是专注于实用、实际。

大家一块儿做企业,有时候会遇到一些应酬,永好大哥却从来不喝酒。他不仅不喝酒,而且还从不参加唱歌之类的娱乐活动。

踏踏实实做事、实实在在做人,这是我时常从永好大哥身上感受到的影响力。有时候，跟一些人的交流会让我想起张爱玲的那句话——"生命是一袭华美的袍，爬满了蚤子"，但是和永好大哥相处，让我觉得，他的内心完全是敞亮的。我所看见的就是他真实的样子，他是一个真正的、表里如一的人。

我时常想，永好大哥做企业能够持续发展、屹立不倒的关键就在于他身上的这些品质，我把它们称为"永好法则"。

45 李嘉诚的待人之道

2018年5月，李嘉诚先生正式退休，引发了很大的舆论关注。除了退休这件事，李嘉诚家族过去几年将投资重心从内地撤出，转而开始在英国进行大规模的投资，也是大家热议的话题。

面对这些热议，李先生总是强调自己是一个生意人，这个身份既不高尚也不低下，也许承担不了过多的社会责任，但是绝不做对不起自己良心的事。**公平交易、两相情愿、互相感恩，是他一直强调的生意观**。我们曾经跟李先生旗下的公司讨论过一些项目。在讨论过程中我们感觉到，他们会尽可能地把房地产项目看作纯粹的生意，不掺杂过多的个人情感。

在生意之外，李先生有很多值得我们学习的地方。

李先生发达之后，为了回报乡里，参与创办了汕头大学，并持续资助汕头大学逾一百亿港元。可以说，他在这一点上满足了我们中国传统观念里对一个好商人的期待。他尤其被人称道的还有待人接物的方式，我称之为"个人软实力"。他会尊重并真心地关怀周围的每个人，认真对待身边的每个工作人员、朋友、合作伙伴，与他人相处时尽心、周到，在建立自我的过程中追求无我。

近20年前，我和郭广昌、牛根生等我在长江商学院时的同学，一起去香港拜访了李先生。在这次见面的过程中，我体会到了他做人做事的品格。

我们经常会在电影里看到，成功人士的排场常常很惊人，周围都是保镖，举手投足尽显牛气。那么，在现实生活中，像李嘉诚这样的成功人士会是什么样的呢？去拜访他之前，我们每个人都在心里暗自假想了一番。我们以为，李先生会安排我们先在一个大厅里头等着，然后他出来跟我们一一握手，再坐下来谈两句，再然后，他要么提前退场，要么礼貌性地跟大家问个好之后就开始他的"个人演讲"。让我们没想到的是，李先生完全没有按这个套路来。

当电梯到达大楼顶层，门一打开，我们就愣了。当时已经年逾古稀的李先生，居然就站在电梯门外等待我们，看到我们来了还和我们一一握手，递上名片。在我们接过名片的同时，工作人员还会递过来一个盘子让我们抓阄拿号，后续就根据自己拿到的号码，按照这个号码确定用餐的座次或者照相时的站位。这是为了避免大家因座次和站位而心生芥蒂。那天，李先生送给在场的所有人八个字——"建立自我，追求无我"。李先生是怎么解释这八个字的呢？他说，一个人在事业上要建立自我，将事业越做越

6 高价值的朋友圈　　145

大,而在做人上要追求无我,也就是最好不要让别人感觉到你的存在,通过留给别人充足的空间,给予别人充分的尊重。他的讲话让我们颇感兴奋,同时也让我们深受感染。

开始用餐之前,我看了一下手里的号码,号码还不错,不仅跟李先生在同一桌,而且还挨得挺近,没想到李先生才坐下吃了十几分钟,就站起来说:"抱歉,我要去隔壁那一桌坐一下。"

这时候我才发现,除了我所在的这一桌,其他三张餐桌上也都预留了一个位子和一副碗筷。而在这一个小时左右的用餐时间里,李先生会分别在每张桌子旁坐上十五分钟,这样一来,他跟每一桌人进行交流的时间都是一样长的,每一桌人都能够有机会跟他直接对话。

当时,大家领悟到了这个安排的周到之处,都会心地笑了,还差一点鼓起掌来。用餐结束之后,我们一一跟李先生告别,李先生也逐一跟我们握手。在这个过程当中我还发现了一个细节,那就是他跟我们握完手之后,还会去和每个工作人员握手,并且他会将我们一直送到楼下,送上车。

在路上,我向李先生提了一个请求。我说,我在一本书里看到过他的一次演讲的讲稿,可是后来找不到了,能不能请他的秘书帮我找找,没想到他当即很仔细地交代了秘书,后来这篇讲稿由他的秘书寄给了我。

这次拜访结束后,我一直在想,李先生之所以受人尊敬,原因很简单——他让人感到舒服,这大概也是他能在商场上叱咤风云的重要原因之一。

也许,他做生意的技巧多数人很难学会,但他待人接物的细致、周到,是我们每个人都可以学习的。

46 印尼首富黄鸿年

大多数人做股市投资时都很喜欢牛市。大盘也好，个股也好，只要在上涨，投资者就会觉得市场行情好，要加大投入；如果遇上熊市，大盘陷落，个股暴跌，人们就会匆忙清仓，害怕自己被套牢。

但有个人不这么想，他说："怕牛市，不怕熊市。"这种和大多数人截然不同的观点让我对他产生了好奇，他就是黄鸿年，一个印度尼西亚的大富豪，曾经问鼎印度尼西亚首富，在东南亚和中国都有过很大的投资动作。仔细了解他的经历之后我发现，他的商业经验和投资智慧都很值得研究。

大家对黄鸿年也许有些陌生。他其实是一个富二代，他的父亲叫黄奕聪，是祖籍福建泉州的印度尼西亚华人企业家。黄奕聪当年从靠挑扁担做小生意起步，慢慢成了当地的首富。1960年，年仅12岁的黄鸿年在父亲黄奕聪的安排下，到中国读书，在中国度过了他10年的青春。

我曾讲过"时间效应",意思是,时间的长短能改变事件或者人的价值。这个效应在黄鸿年身上得到了印证。刚来中国的时候,他年纪还小,直到 20 世纪 90 年代初,进入中国市场投资的时候,他才感受到那 10 年带给他的巨大财富。

黄鸿年在中国投资的经历很有意思。

1991 年,香港有一家叫红宝石的日资企业,当时这家企业已经上市,但是一直处于亏损状态。黄鸿年便收购了它,将其改名为"香港中国策略投资公司",开始进行收购业务。

20 世纪 90 年代初,很多企业的效益不好,于是黄鸿年就决定去收购这种企业。1992 年,黄鸿年来到山西,参观了太原橡胶厂,参观结束后,他决定出资 2750 万元,持股 55%,完成对这家橡胶厂的收购。

同年,黄鸿年收购了福建泉州市 37 家企业的股权,占到了所有权的 60% 以上。1993 年,他又花 5.1 亿元并购了 101 家企业。

看到这里,大家可能会对黄鸿年产生一种印象:钱多、胆大,再加上他富二代的身份,一个拿着家里的钱瞎练手的纨绔子弟形象就出来了。但实际上,通过收购,仅仅过了 3 年,黄鸿年就把那家曾经一年亏损 1476 万港元的小公司,做成了净利润 3.12 亿港元的行业新星。不过,黄鸿年给我印象最深的地方,还不在于他会赚钱,而在于他花钱的逻辑。

我一直有个观点，要**研究一家民营企业可以看三个指标：基因、环境和行为**。基因，就是这家企业的来路，来路清楚的企业往往能不断朝着积极的方向改变组织架构和制度，所以成功率高；环境，首先要看制度环境，然后看市场环境，最后要看企业内部的小环境；行为，就是企业基于其基因和环境的影响，做出的战略决策，选择的前进方向。

用这三个指标来看黄鸿年的投资，就能理解他花钱的逻辑了。对他来说，收购、并购企业，就是在购买一块有潜力的土壤，在中国度过的那10年使他成了一个"中国通"，他能够客观地了解一家企业的基因，结合中国的大环境和企业内部的小环境，精准地判断这家企业是否有潜力，然后在对企业进行控股的过程中，他会坚持持股51%以上，以保证自己拥有最大的话语权，能够决定公司的前进方向。因为胆大而心细，凡事都愿意下功夫琢磨，抓住事情的要害，他总能取得过人的成绩。

在炒股上，黄鸿年的经验也很值得一说。开篇那句"怕牛市，不怕熊市"就是他在炒股方面的经验之谈。其实巴菲特也有过一句类似的表述："别人贪婪时我恐惧，别人恐惧时我贪婪。"

这样的道理大家可能听过很多，但能做到的人不多。黄鸿年就是少数在股市里获得大成功的人。在伊拉克战争、亚洲金融风暴、"非典"、"9·11"事件乃至2008年金融危机的时候，全球股市都很惨淡，人们的看空情绪高涨。但每到这个时候，黄鸿年就会在股市中大量买进,并将这些股票在手里放上一段时间,然后它们的价值就会大大增加。但是在股市行情好,大家都拼命买入的时候,黄鸿年却开始抛售股票。2007年秋天,香港和内地的股市形势一片大好,黄鸿年却能做到在A股大盘到达5000点的时候,开始抛售,到达6000点的时候,开始清仓。

开过车的人都知道,一直慢速前行不难。难的是,当你在高速路上行使,周围的车一辆比一辆开得快,都在往前冲时,而你却能时刻保持警惕,敢于在危机来临时提前踩刹车。

黄鸿年炒股一直奉行着"四不"原则:不惧、不乱、不悔、不贪。实际上我认为这个原则不仅仅适用于炒股,也适用于做人。我们在做各种决策的时候,都应该像黄鸿年那样,理性思考,胆大心细,不惧挑战。

47 史玉柱在南寺

1992年,曾有媒体针对北京、上海、广州等十大城市的上万名青年进行了一次问卷调查。其中一个问题是:你最崇拜的青年人物是谁?结果显示,排名第一的是比尔·盖茨,史玉柱紧随其后。当时的史玉柱,可能是中国30岁左右的青年中最出名的一个。为什么呢?这与他发明的一套电脑桌面排版印刷系统有关。

1984年,史玉柱从浙江大学数学系毕业,被分配到安徽省统计局,成为一名公务员。那个年代,中国人刚刚开始接触电脑技术,很多单位虽然都配备了电脑,但是如果要打印文件,还得配一台文字处理机,先用文字处理机录入、排版,才能打印。这就导致当时文字处理机的售价甚至比电脑还贵。

后来,史玉柱跟人借了一台IBM计算机,花了半年时间做了一套叫"M-6401"的桌面排版印刷系统。通过这套系统,人们可以在电脑上直接录入文字,再用打印机打印。史玉柱认为这套软件有极大的商业前景,有了它,昂贵的文字处理机就可以淘汰了。于是,1989年的时候他决定辞职,去深圳创业。

到了深圳之后，史玉柱找到当地的一份报纸《计算机世界》，用手头仅有的4000元钱在《计算机世界》上利用先打广告后付清款项的方式做了8400元的广告，将其开发的"M-6401"桌面排版印刷系统推向市场。广告登出后不到半个月，史玉柱就收到了三笔汇款，总共15000多元。两个月后，进账了10万元。然后他又干了一件一般人不敢干的事——把这10万元的收入全部再次投入广告。四个月后，"M-6401"桌面排版印刷系统销售额一举突破百万大关，史玉柱也成了百万富翁。这就是史玉柱在深圳创业的开端。

1991年4月，史玉柱注册成立珠海巨人新技术公司，于8月组织10多个专家开发出"M-6401"汉卡并上市。11月，"M-6401"汉卡的销售量跃居全国同类产品之首，给公司带来1000万元的纯利润。

史玉柱很注重营销，关于营销，他确实有非常独到的一面。前面的刊登广告就是营销的一种，他后来做保健品，也是靠营销打开市场的。比如，脑白金有一句很洗脑的广告语——收礼只收脑白金。这句广告语的来历，史玉柱亲口讲过。当初脑白金这个产品处于试销阶段，他来到一个公园调研，看到有一些老头儿、老太太在一座亭子里聊天，于是他就上前与他们攀谈，在跟这些老人聊天的过程中，史玉柱了解到一个情况，那就是他们中的绝大部分人知道脑白金这款产品，但是没有亲身体验过，原因是他们对自己很节俭，舍不得把钱花在自己身上，而如果儿女出钱帮他们买，他们就会去体验一下。所以史玉柱就认为，这款产品的广告语不能对老年人说，要对他们的儿女说。由此可见，史玉柱的营销之所以成功、有效，缘于他对消费者的心理、对中国的家庭以及社会关系的精准把握。

所以，在很长的时间里，史玉柱的营销策略都被大家拿来不断地研究、学习。

除了营销，我还想讲一个有关史玉柱的小故事。

1993年，在汉卡产品取得巨大的销售成功后，史玉柱开始筹划在珠海盖一栋巨人大厦。一开始，巨人大厦的规划是建38层楼，后来，史玉柱逐渐将大厦的规划由原定的38层"加高"到70层，以建成一栋全国最高的楼宇。

1994年，巨人大厦一期工程动工。当时公司的收益固然不错，但还不足以支撑这座70层高楼的花费，加之史玉柱不愿意动用银行贷款，所以随着工程的推进，公司的资金缺口越来越大，到了1996年，已投入3亿多元的巨人大厦资金告急，1997年年初，巨人大厦被迫停工，史玉柱也因此欠下许多债务。2000年，史玉柱再度创业，开展"脑白金"业务，凭借"脑白金"的热销打了一个漂亮的翻身仗，不仅还清了之前的债务，还在投资、网络游戏等领域越做越大。

关于史玉柱"东山再起"的细节，很多人都详细地讲过，我就不再赘述。在这里,我想说的是另一个小故事。

史玉柱"东山再起"之前,曾经在贺兰山的南寺附近看见一个老头儿在路上搬石头。他就跟老头儿聊天,问对方在做什么,老头儿说在建寺庙。玉柱当时就纳闷了,说:"我没看见寺庙啊。"往山头上看,也没有。然后这老头儿就说,他相信只要自己每天搬一块石头上山,有生之年就一定能建成一座寺庙。

后来,史玉柱跟着老人家上了山,看到了一个小小的像个小屋子一样的石堆。其实到底要将寺庙建到多大、建成什么样子,不是老人家真正关心的,他把为了修建寺庙而每天搬一块石头上山这件事当成一种修行。他心里有寺庙,坚信自己终究会把寺庙建成。

老人家的做法给了史玉柱很大的启发,他意识到**坚持的过程就是一场修行,是对人性、欲望、能力和目标的一次检验**。带着这样一种信念,史玉柱咬牙坚持着从困境中走了出来。后来在南寺的恢复重建过程中,史玉柱提供了不少资金支持。

48 南怀瑾的思想价值

有一次,在太湖大学堂,一位记者说南怀瑾先生毕生致力于推动中国传统文化的发展,很辛苦,也不赚钱,他问我对这件事怎么看。我回答说,**人做事情有三重境界。**

第一重境界是法律。法律是底线。遵纪守法,是我们对自己的最低要求。

第二重境界是道德。它比第一重境界高一点,要求我们遵守法律的同时,内心向善。

第三重境界是信仰。它又比第二重境界高一点,南怀瑾先生如此不遗余力地推动中国传统文化教育事业的发展,就是源自信仰的力量。**信仰带来使命,带来勇气,带来毅力,带来视野**。南怀瑾先生是把推动中国传统文化教育事业的发展当成了自己的使命。

很多时候,所谓使命,就是如果你不做这件事,则于天下,痛心疾首;于自己,心有不安。从某个层面上来说,南怀瑾先生把推动中国传统文化发展的过程,变成了实现自我价值的过程,他之所以能坚持做这件事，是出于一种内在的驱动力。

不光南怀瑾先生如此，凡是做大事业的人都有这样的特点，他们都把传播正念和思想当成信仰和使命，这是一种很高的境界。

南怀瑾先生于 1918 年出生于浙江温州下辖的乐清市，是中国当代文学家、学者、教育家、中国传统文化的传播者和国学大师，曾受邀到台湾地区的多所大学、机关、社会团体讲学。2006 年后南怀瑾先生移居苏州，创建"太湖大学堂"，2012 年，于"太湖大学堂"去世，享年 95 岁。南怀瑾先生精通儒、释、道等多种学说，出版了《论语别裁》《孟子旁通》《易经杂说》等数十部著作。他一生致力于中国传统文化的传播，为推动传统文化的发展做出了巨大的贡献。

现代社会是一个高度协作的社会。我们不仅要面对熟人，还要跟陌生人打交道，该如何做才能更好地应对呢？这个时候，文化就发挥了黏合剂的作用，它将一个个的个体黏合在一起，同时规范大家的行为。大家都知道，我们中国的传统文化中蕴含着许多做人的道理，比如，孔子的学生曾子讲"吾日三省吾身"，就是要大家多检讨自己，这样才能更好地跟别人打交道；《礼记》讲"修身齐家治国平天下"，教会后人要想四海升平就要克制欲望，修炼自身的品格；佛教里讲贪、嗔、痴为"三毒"，我们要修身养性，免受其害。

大家都知道，做企业，有两个方面的东西很重要：一方面是要有工具性的东西，比如资本、管理、销售、品牌等；另一方面是要了解文化，尤其是传统文化，否则就无法获得持久的成功。对企业家而言，学会做人是非常重要的。要想基业长青，就一定要学习先贤的智慧，克制欲望，做到"无我"，尊重别人，做到"利他"，学会在"义"与"利"之间寻找平衡。此外，还要乐善好施，久而久之，就会得到大家的支持和拥护，使企业越做越好，赢得客户的喜爱。

由此可见，南怀瑾先生致力于传播的中国传统文化，对企业家来说也是十分有帮助的，它是企业的护身符，也是促进企业发展的重要养分。

7

房子的未来趋势和财富密码

49 世界这么大,别被房子困住

从 2020 年开始,就有很多人说,为了抵御经济下行的压力,应该存点儿钱。恰逢近期房价有些回落,于是也有很多人来问我,是不是应该买房?如果是年轻人来问我,我一般会让他们根据自己的需求决定。我一直以来坚持一个观点:把钱都押在房子上,把幸福和有关生活的一切都押在房子上,是一种遗憾。

2018 年的"风马牛"年终秀上,我被小崔问到今年要不要买房,当时我开玩笑说,如果你捡到钱了,那就买;如果是自己攒钱,那就不用太着急。大概是觉得有点儿意思,后来这句话被大家反复引用。实际上它主要是在表达了一个观点,那就是大家在买房的时候要慎重一点儿。

我一直认为,房子就是一个住处。如果手里钱不多,你可以买套面积小点儿的房,或者租房也是一个很明智的选择。你完全可以将买房的钱投入到更有价值的事情上,比如追求梦想,比如实现自我,比如创业,比如旅行等。当然,如果你以买房为自己的人生目标,将它看作结婚、养老的必需品,乃至幸福感和安全感的来源，那么买房会带给你一种安慰和一些快乐。

总之，我的建议是，世界这么大，千万别被房子困住。

其实，我并不是第一个这样建议的人，李嘉诚就讲过，不能把买房看得太重要。

我知道，在咱们中国人的传统观念里，房子是与成家立业息息相关的一个东西。要是不买房，大家总有点儿心里不踏实的感觉。但是从某种角度上来说，把所有的精力、资金全部都集中在买房这件事上，尤其是在年纪很轻的时候就这样做，很容易损耗发展个人兴趣的空间以及创业真正所需要的冒险精神。

对于创业者而言，创业意味着激情，也意味着风险。如果在创业的同时，还要买房，那么他不光是心累、身累，还有可能遭遇资金链断裂的窘境。买房从来不只是付首付那么简单，它会带来一个长期的影响，很可能会造成一个需要你用未来的10年甚至20年去解决的财务问题。所以多数创业者并没有在创业初期买房，而是把这件事放在创业成功以后去做。

对于没有创业打算的人而言，可能买了房以后，由于房贷的激励，他变得更加努力工作，更规矩、本分。新加坡当年确立组屋制度的时候，多多少少就有些这样的考量在里面。但是就我个人而言，我更倾向于鼓励年轻人追求精神的自由、创造的自由和行走的自由，不要被房子困住。

不同的人对自由的理解可能也不一样。有的人认为，没有房子，其他的自由就没着落，而我更喜欢不被房子束缚的感觉。曾经，我也面临一个选择，当时我选择去做我喜欢的事，放弃了房子，没想到后来竟折腾进了房地产行业，最后解决了房子的问题，也实现了创造的自由。

我之所以不主张年轻人太着急买房，还有一个原因，就是与世界上的其他国家相比，**中国首次购房者的平均年龄太靠前了**。有数据显示，中国人平均买房的年龄是 27 岁，在印度和加拿大，**首次购房者**的平均年龄为 31 岁，在美国和英国，**首次购房者**的平均年龄为 35 岁，而在德国和日本，**首次购房者**的平均年龄甚至达到 41 岁。

在我国，一般而言一个人大学毕业时是 22 岁，要是再读个研究生就到了 25 岁，到 27 岁时他才研究生毕业两年，可能只有几千元的月薪，这个时候如果想买到一套房子，是件很有难度的事。因此，我国大部分 30 岁以下的购房者，都需要靠家里的帮助才能完成购房目标。

如果撇开买房这件事，年轻人最应该做、最值得做的事情是什么呢？答案是实现自己的梦想，你应该仰望星空，寻找自己更想追逐的目标。

我在《扛住就是本事》那本书里讲过一个故事。故事说的是我的一个朋友刚结婚的时候，在老婆的支持下，瞒着家里的老人，

7 房子的未来趋势和财富密码

拿买房的钱去创业，结果创业失败了，后来他继续折腾，第二次创业的时候大获成功，买了房还买了车。现在回头去看，我这个朋友就是没有被房子束缚住，勇于追求精神自由和创造自由的范例，由于这种自由的实践，他比一开始就拿钱去买房在事业上走得更远。

说到买房这件事，当然也要跟市场挂钩。

国内很多年轻人宁可背上一身债也要去买房，除了刚才讲到的原因以外，客观上我们的租房市场不够完善也是一个影响因素。目前，社会还在向前发展，未来可供大家租住的房子会越来越多，租房的成本会比现在更低，而且房屋质量和租赁服务会越来越好，相信租房结婚、租房养老的情况会越来越普遍。

前一段时间，王石在一次活动中提到，买房不是目的，房子更多的作用是栖息地，是用来构建美好生活的地方。他建议年轻人，即使买得起房子也不要着急去买，有住的地方就先住着。往后，买不买房，说到底是一种人生选择。把钱花在房子上和把钱拿来追逐梦想，打造的是两种不同的人生。

生活仍在继续，我希望未来有更多的人去自由地创造未来！

50 疫情过后，买房还是租房

在疫情比较严重的时候，许多租房者感受到了生活的不便，于是有一种声音在租房者中蔓延开来：房子，还是买来的好。虽然我一直跟大家强调，世界这么大，千万别被房子困住，但是面对疫情，还是有很多年轻人产生了疑虑和担心。

那么在这一篇里，我就针对"未来是租房更好，还是买房更好"的问题，再详细说一下考量的四个维度，以帮助大家思考和判断。

首先，买房还是租房，与每个人的活法有关。活法不同，跟房子的关系肯定也不一样。

我有一个好朋友，企业做得很成功，但是他从来不买房，一直租房住。最开始，他觉得自己是一个创业者，不太愿意为房子所累，就租房住，他太太也支持他的想法。后来他们发现，买房还得为房子操心，租房反倒省去了不少麻烦，于是就一直租房住。对他们而言，租房住是一种生活态度。

我在媒体上看到过这样一个故事。一个大姐在北京有一套不到100平方米的房子，她把这房子卖了，从卖房的钱里拨出一部分到大理买了一栋300平方米的别墅，一部分用来理财，每年能获得六七十万元的收益，然后她拿出三四十万元在北京租了一套豪华公寓，剩下的钱用作生活开销。这样，她就把一套不到100平方米的普通公寓"变"成了豪华公寓，还可以不时地去大理散心，与此同时，她的账户里还有七八百万元的现金。如果她执着于将那套豪华公寓买下，那么她就要贷款，努力挣钱供房子，日子过得紧巴巴的不说，想在大理买别墅就更不可能了。

这两个故事里的主人公，大概都属于自在随心、不怕折腾的类型，当然，还有很多人需要的是稳当的生活，他们倾向于先买套小房子，结婚生孩子，然后再换套大一点儿的房子，将老人接过来一起住。这也是多数人的选择。所以，买房还是租房，与每个人的活法有关，选择没有对错，只需要看是否适合自己。

其次，要从经济学的角度来看。

有人说："如果租房住，钱都用来付了租金，之后什么也没落下，还不如买房。"我觉得，这个说法对了一半。

为什么说是对了一半呢？因为买房也好，租房也罢，关键得看城市的发展势头和房子所在的地段。当你所在的城市经济发展水平比较低，人均GDP不到1万美元，人口净流入，增长潜力比较大，住宅市场中新房占主导而二手房占比较低，买房是划算的；

而如果你所在的城市是一线城市，或者是强二线城市，比如成都、杭州、南京、青岛、昆明等，这种人均 GDP 超过 1 万美元，住宅市场中二手房比例超过 60%，人口增长减缓甚至出现负增长的城市，买房就不一定比租房划算。

再次，租房和买房的生活体验差别很大。

我们知道，在德国，有超过 50% 的人选择租房住，他们那里关于租赁的合约以及保护租客的法律非常完善。在美国，房屋租赁的市场很大，并且已经是一个常态化的市场，在一些大学里甚至还设有租赁专业。在我国目前的环境下，当租客跟房主发生纠纷，需要打官司时，房主能受到更多的保护，所以租客与房主之间存在一些权益上的差别。**未来，国家需要出台更多法律法规以保障租客的权益。**这样，租客心里才会更加踏实，更有安全感，租房的人才会越来越多。

目前，我国房屋租赁市场上存在很多"散户"——老百姓将自己的房子拿来出租，租客搬进去以后，所享受的相关服务均由小区物业提供。与此同时，租赁市场上也有很多大的房屋租赁公司集中出租房屋，它们为租客提供的服务比一般的小区物业要好。未来，随着城市的不断发展和大型房屋出租系统的建立，像这种集中出租房屋的大型公司会越来越多，他们提供的持续性、系统化的服务会给租客带来更好的租住体验，这个时候，大家在心理上会越来越能接受租房。

最后，租房的便利程度较从前大幅提高。

过去要想租房子，很费劲。现在发达的互联网技术让我们拿起手机下载个 App，就能很方便地在上面找房子，上面还有 VR 看房、短视频看房等功能给租房者提供实景体验。此外，现在的租房合同也都标准化了，大家完全可以通过手机签合同、付房租。

51 哪里的房子值得买？

总听到一些人说，买房就一定要去一线和二线城市，因为只有这些城市的房价才会持续上涨。其实在我看来，买房子不必执着于一线、二线，还是三线城市。无论是在几线城市，房价的走势都要根据多项指标来进行综合判断。

第一个指标是人口增长。当一个城市的人口增速放缓，甚至增量变成零，或者变成负增长的时候，市场对新房的需求就很小。比如，北京虽然是一线城市，但是人口已经处于负增长的状态，就不一定要在北京买房了；而一些三线城市，经济体量不算小，人口还在不断地增加，房价就有上升的空间。

第二个指标是经济成长。同样是三线城市，有些城市的经济在发展，就业率在提高，个人收入、工资都在增加，这时候改善型住房的市场需求就很大，大家都想要改善住房条件，会给新房市场带来一些活力；还有一些城市属于能源城市，当地的能源已经被开发得差不多了，经济潜力不大，人口流失比较严重，这里房价的上涨就缺乏支撑力。

第三个指标是配套设施。公共交通、医院、学校、购物中心等配套比较好的地段的房子会比较吸引人,这些地方的房子就值得买。这样的房子哪怕是在二线、三线城市,也可能会比一线城市里配套设施一般的地段的房子更有升值潜力。

尤其是这次疫情暴发之后,大家发现,一个城市的医疗水平和承载力,也是一个判断房价走势的重要指标。如果某个城市这方面的条件特别好,那里的房子就值得买,因为房价会涨。

除了以上这四个指标,你还要考虑自己的个人偏好。比如,你在一个大企业比较少、人口外流严重、经济增长潜力有限的城市,看中了一套"小环境"非常好的房子——附近的教育、医疗等条件很不错,而你个人对这两个条件有比较现实的需求,那就可以暂时忽略"大环境"的相对劣势。

52 房地产企业的"危"与"机"

疫情暴发至今,整个社会的经济都遭遇了停顿。在这种情况下,房地产行业也受到了非常大的影响。

对于那些规模非常大,以住宅开发和销售为经营重点的企业而言,如何应对巨大的经营成本所带来的压力是亟待解决的问题。过去,这些大企业多半忙于规模、成本和速度上的竞争,而在疫情防控期间,市场销售行为几乎是停止的,它们不得不靠自身的信用、能力,以及客户的信任,去应对困难,积极地解决问题。

目前来看,大企业主要从三个方面来解决这些问题。

首先是迅速补充现金流。企业的现金流一般有三种:经营性现金流、资本性现金流和融资性现金流。疫情之下,由于经营性现金流和资本性现金流的补充较为困难,许多大企业转而把目光放在融资性现金流的补充上。我看到一些大型的住宅开发公司通过在香港或者境外其他地方快速发债的方式来获得融资性现金流的补充,这是当下最快的补充方法。

然后是控制成本。通过迅速制订一个系统化的方案,对包括人力成本管理的费用、银行的利息支出、其他应付款的管理等在内的项目进行成本管控。

最后是寻求法律的保护。企业在经营过程中要建立很多合同关系，合同双方按照法律的约定履约承诺、承担义务。疫情之下，从法律的角度去分析和划定合同双方的责任和义务，分清楚哪些部分是受到疫情这一不可抗力的影响，导致履约的延误，从而争取得到客户、供应商以及银行的理解，将损失降至最小，哪些部分属于必须按原先的约定按时履行的义务，督促企业信守承诺，保证企业的安全。

除了上述三个方面，有些大企业还会采取一些其他的方法来缓解压力。比如，恒大集团开启了"网上购房"通道，它承诺，客户只需支付 5000 元定金即可预定房源，不仅可以享受折上折的优惠，还可以返还佣金，等等。这种方式迅速拉近了跟客户之间的距离，同时也锁定了一部分未来的客户。等疫情过去，线下门店可以正常交易的时候，就可能迎来一个小的销量爆发期，弥补之前的损失。

相较而言，面对巨大的经营成本所带来的压力，中小企业的处境更为艰难。尽管中小企业也可以采用大企业的方法去应对，但是由于自身实力的差距，具体操作的过程中，往往会遇到更大的困难。比如，某公司有一个项目的负债率比较高，而该公司的商业信用一般，达不到行业前五十位，甚至前一百位公司的信用标准，这样的话，它要补充现金流就很难。

幸运的是，即便现金流断裂，**只要这家中小型企业的资产关系、土地权属和借贷关系清晰，它还是可以依靠国家的有关政策，通过延迟还款等手段渡过难关。**而如果这家企业负债很高，又有潜在的各种牵扯，比如存在产权归属不清晰，一处物业反复抵押等问题，那么它势必很难生存下去。这跟人是类似的，假如一个人只是偶然患病，身体其他部位的机能都很好，那么相对来说，治愈是比较容易的，而如果一个人百病缠身，那么恐怕好医生也束手无策。

由此可见，**企业无论大小，规范经营很重要。**

尽管这次疫情对我们造成了如此严重的影响，我还是认为，这是一个很好的思考的机会。**我常说，要"把丧事当喜事办"，要"化危为机"。**只要你有一个积极的态度，坚持在困难的时候去寻找机会，你就永远有出路，如果你很消极，坐困愁城，怨天尤人，这时候，即使面前有十条路，你也看不见。通过观察、思考地产行业对此次疫情的反应，再结合我们自己过去这几年做的事情，我认为我们应当思考两件事。

第一件事，检讨我们过去的商业模式、公司经营的节奏和经营管理中存在的问题。比如，从商业模式上来看，过去20年里，我们一直将注意力集中在规模的扩大、成本的降低和速度的提升上，简单来说就是聚焦于住宅业务，盖了卖，卖了盖，不断地使用杠杆，不断地加大负债，不断地加快速度，去搏增长，依靠这种模式来实现快速发展，这导致很多人以为这是房地产企业唯一的发展模式。

我们有一个行业组织，叫中城联盟，过去3年里，这个组织一直在探讨一件事，就是当下国内人均GDP超过1万美元，**房地产行业进入"后开发时代"**，这个时候，在现有发展模式的基础上，我们还可以采取什么样的发展模式？

根据研究，我们发现在"后开发时代"，房地产的主要发展模式由开发逐步转向运营和资产管理。所谓运营，简单来说就是看一平方米的房子能收回多少租金；所谓资产管理，对不动产来说，就是租金管理、设施管理、资本管理，以及未来金融化的管理，等等。

我们知道，这次疫情会深刻地影响未来人们对空间产品的需求。比如，未来人们对健康空间的需求会越来越高。也就是说，人们希望每个空间，除了能满足基本的使用需要，还能在空气、声音、水、光等各个方面都达到一定的符合健康要求的标准。不仅如此，**人们对跟医疗服务有关的空间需求也会增加**。比如医院、医疗中心、康复中心、诊所、疗愈系酒店等。这些需求的变化，必将为我们在"后开发时代"的产品类型、开发模式和服务方式等方面的改变创造一些新的机会。

从商务办公的角度来看，**未来传统的集中式的办公可能会减少，新型的分散式办公可能会增多。此外，智能仓储的物业需求会更加旺盛，跟互联网相关的后台数据中心需要的物业空间也会大大增加，而未来像大型购物中心之类人流特别密集的地方，对于安全、通风等方面的需求也会被更多地关注到。

第二件事，检视我们的线上生存能力，也就是思考怎样更好地把地产的业务由线下搬到线上去。

随着互联网技术的飞速发展，在过去10年里，地产企业已经逐渐将两项业务由线下搬到了线上。

一项是中介业务，如今买房、租房基本上都能够在线上完成。

我记得在十几二十年前，找我买房的人很多，我们盖的房子一开盘，就有人来找我。有时候不是我们开发的地产项目，也会有人打电话问我认不认识某某老板，"他的项目开盘了，你帮我买房"，甚至连租房也会来找我。现在，已经没有人为买房的具体事宜来找我了，关于买房的事，他们最多是来让我帮着参谋一下。

另一项是内部管理，让自己的公司实现数字化生存。

这个数字化生存，指的是通过持续的线上管理，维护好企业跟客户的关系，使企业能够在线上很好地生存。我觉得这对进入"后开发时代"、特别注重运营和资产管理的房地产行业来说，尤其重要。

对于很多房地产企业而言，既然要运营，就要跟租客打交道。出租有两种方式。一种面向公司，也就是To B（to business）业务，另一种直接面对用户，也就是To C（to consumer）业务。过去我们可能并不十分清楚到底是谁租了我们的房，我们认为那是B端的事。现在，我们开始研究如何与B端和C端建立更好的联系，通过网络让我们的品牌深入人心。

当然，管理模式的改变必将带来公司组织的变革。

在这次疫情中，我们看到互联网企业，特别是阿里巴巴、腾讯等几个大型互联网公司，在很短的时间内，就利用它们的全球供应链、内部的各个子系统和业务单元做出快速响应。而一些传统企业，其组织应变性和协同性跟互联网企业相比就存在很大的差距。**这种差距，其实就是组织的弹性、组织的协同性以及组织的应变能力的体现。**

所以我认为，面对疫情的阶段性刺激和打击，**我们通过反思，不断地改变自己，就能进步，这个进步不是短期的进步，而是获得了一种新的能力，能让我们在面向未来时更有竞争力。**

53 在危机中寻找平衡

疫情防控期间，很多行业都被"按下了暂停键"，地产行业也一样。

从一些公司 2020 年度第一季度的季报中我们可以看到，部分公司的业绩在第一季度出现了负增长，有的公司甚至整个 2 月份颗粒无收，疫情对地产行业未来的发展提出了新的挑战。地产公司要在第二季度拼命追赶，才有可能把销量追回到前一年同期水平。

即使扛住了这波疫情，未来，还有可能发生各式各样的影响行业发展的情况。所以，在疫情导致行业发展出现停顿时，除了要解决眼前的问题，我们还要思考：未来我们应该怎样发展，才有能力更好地应对类似的危机？

从全球范围内来看，住宅类的地产开发公司，竞争的核心要素有三点：规模、成本、速度。 要想快速成长，就得利用规模优势，控制好成本，同时实现快速周转。过去很多住宅类房地产企业都是依靠这三点才得以快速崛起。

但是如果同时追求成本、规模、速度，企业就有可能面临一个问题：倘若市场需求突然发生变化，比如此次疫情导致市场萎缩，企业就可能发生危险。因为一般来说，企业要是在规模和速度上争胜，杠杆就会相对比较高，一旦市场突然快速萎缩，而杠杆没有降下来，企业面临的压力就会很大。这不仅是我国住宅类房地产企业会面临的问题，也是全世界住宅类房地产企业会面临的问题。

举个例子来说，创办于20世纪50年代初的帕尔迪公司是美国住宅开发领域的巨头之一，20世纪50年代末这家公司开始专注于住宅房地产项目的开发，之后一度成为美国最大的住宅开发企业，成为诸多地产公司学习的标杆。

在很长的一段时间里，帕尔迪公司是一家在规模、成本、速度三个方面竞争力都非常强的、持续快速奔跑的公司。**它的发展战略主要体现为横向链条和纵向链条这两个链条的扩张。**

所谓**横向链条的扩张**，就是把目标人群按照不同的购房需求细分为首次置业人群、首次改善人群、养老人群，配合这种细分建立和丰富产品线。**纵向链条的扩张**就是从原材料、加工制造等方面不断升级，用工业化的方式来做住宅，同时给客户提供金融服务、装修服务、物业服务，等等。此外，通过多种方式不断增加土地储备。在美国，增加土地储备的方式分为两种，一种是买地，另一种叫期权式储备，通过预付一些定金，获得某块地的期权，未来几年内如果要开发这块地，就把剩下的钱都付了，如果不开发，时间一到，定金就属于土地所有者了。

一直以来，帕尔迪公司都发展得不错。直到美国次贷危机爆发，危机导致很多金融服务链条崩溃，同时市场急剧萎缩。在这种情况下，帕尔迪公司的股价下跌，现金流出现断裂。**而在这之前，除了销售收入带来的现金流，帕尔迪公司因为股价比较高，还可以通过股票质押去融资，用融资性现金流和债务现金流来补充经营收入。**

次贷危机发生以后，帕尔迪公司的销售收入大幅减少，债务却并没有减少，此外还要支付土地、人工等费用，这个时候，它是怎么做的呢？跟我们现在看到的房地产企业的做法一样，**经济高增长的时候"买买买"，市场萎缩的时候，唯一能让自己活下去的方法就是"卖卖卖"。**卖什么？卖地、卖项目、将房子打折出售，总之，尽一切可能把现金拿回来，目的就是降低杠杆、减少债务。**帕尔迪公司用"卖卖卖"这一招活了下来。**经过此次事件，帕尔迪公司就把"安全"提升到了和"增长"同等重要的地位。

通过研究我们发现，像帕尔迪公司这样的**住宅开发类企业要想兼顾增长和安全，需要确保三个指标的正常。**

第一个指标是销售额。

销售额应该是净资产的 2~3 倍，也就是说，如果一家住宅开发类企业有 100 亿元的净资产，那么销售额达到 300 亿元的时候，企业是安全的。如果企业净资产为 100 亿元，销售额却到了 500 亿元，这意味着什么呢？意味着杠杆用得大，买的地多，且房屋出售的速度快，否则是达不到这样的数额的。如果企业净资产是100亿元，销售额也是100亿元，则说明该企业的销售效率太低。

第二个指标是净负债率。

净负债率应该在30%~50%，总资产负债率应不高于70%。净负债率是一个偿债能力指标。如果净负债率在30%，即1元现金对应3角钱的债务，这是安全的。一般来说，大部分内地的住宅开发类企业净负债率在70%左右，而香港的住宅开发类企业净负债率多在50%以下，有一段时间，香港住宅开发类企业中排名前十位的企业的净负债率都在15%~30%。所以相对而言，香港的公司安全性更好。

第三个指标是净现金流。要做到净现金流为正。

无论是从国际还是从国内来看，把这三个指标掌握好，就能够解决快速增长和企业安全之间的平衡问题。就像快速奔跑的运动员一边跑步一边监测心率一样，住宅开发类企业在未来的发展中，也要持续关注这三个指标，这样企业的发展才会是安全的、可持续的。

当然，平衡好增长与安全之间的关系只是企业发展的一个方面。未来的发展方向是什么？怎样转型？需要做出哪些改变？在住宅开发之外的其他类型的地产应该怎么做？这些都是需要地产公司深思的问题。

54 未来的居住环境

小孩子要想知道自己的未来是什么样,去看看大人的生活是什么样就知道了。同样的道理,当前我国的人均 GDP 是 1 万美元,而有些发达国家的人均 GDP 已经超过 6 万美元,我们去研究人均 GDP 在 1 万~6 万美元的地方的房地产是什么样的,就能大致了解我国房地产未来的发展趋势。

人均 GDP 在 6 万美元左右的地方,好的居住环境是什么样的呢?

以日本为例。在日本的高级公寓里,空调都是无声的,而在我们这里,晚上比较安静的时候,空调的声音还是显得有些大。日本高级公寓的空调不仅没有声音,而且让人感觉不到风,吹出来的空气也很干净,身处这样的环境中,人的呼吸没有压力。后来,我们公司有一个项目,想要将这种空调从日本进口到中国,但是发现成本非常高。可见,要打造这样好的居住环境,我们的确要再熬一段时间。

在我国建筑行业有一系列的建筑标准，比如绿色建筑评价标准、健康建筑评价标准等，这些标准从多个方面对房屋的建造质量提出了要求。大家都知道，光是决定一个空间环境健康与否非常重要的因素。在自然的条件下，照明主要依靠太阳，但是我们不能盯着太阳看，如果眼睛一直盯着太阳，就可能受伤，而好的室内采光，也是见光不见灯的，这就需要设计师针对白天、晚上的不同情境，进行专门的设计。

决定一个空间环境是否舒适、健康的因素，除了采光，还有很多其他的指标，比如声音就是一项十分重要的指标。简而言之，如果你居住的环境里每天都有噪声，你的心情肯定不好。人们经过多年的观察、研究，发现如果居住环境健康、舒适，患上某些疾病的概率会变低。

怎么打造健康、舒适的居住环境呢？

首先是严格遵循行业标准去设计和建造。

其次是依靠科技。

在这里，科技的运用主要体现为智能化，越来越多的智能化设备出现在我们的居住环境中。对于智能化家居，相信大家都有一定的了解，但是未来智能化家居到底会发展到什么程度，还存在很多讨论的空间，尤其是当智能化产品侵犯个人隐私，干扰到个人生活的时候。总而言之，智能化是未来的一种发展趋势，具体怎么发展，我们要掌握一个度。

最后是兼顾高密度和环保。

纽约有一个 400 多米高的公寓项目，是一栋普通住宅楼，楼里面积最小的一户是 160 平方米，面积最大的一户达到 1000 平方米，在人均 GDP 超过 6 万美元的城市，这样的项目并不少见。

有数据显示，在中国，晚上睡觉时人口密度最高的地方是上海卢湾区，在那里，一平方公里的土地上睡了 20 万人，而一平方公里的土地上能盖多大面积的房子呢？在中国，这个数字是 70 万~100 万平方米，而其他一些地方，比如美国芝加哥，这个数字能达到 1000 万平方米。由此可见，大城市的人口还在聚集，而经过这些年的实践证明，高密度的建筑也完全可以做到环保。

在我国的人均 GDP 朝着 6 万美元发展的过程中，我们的消费也在升级，而与居住有关的消费升级大致可以分为五个阶段。

第一个阶段是从无到有，解决功能性的问题。比如，过去家里很穷，没房子，也没板凳，现在有了房子，也买了板凳。

第二个阶段是由功能性的满足上升为舒适性的满足。比如，小房换大房，觉得板凳坐着不舒服，就换成沙发，然后还增加了空调、暖气、24 小时热水……各方面条件都比第一阶段要相对舒适一点儿。

第三个阶段是由舒适性消费升级为美感消费。比如把普通的沙发换成自己喜欢的、漂亮的、有设计感的沙发。这个阶段，也是设计相关的一些行业大力发展的阶段。

第四个阶段是在美感消费之上，还有一种价值观消费。不仅要好看，还要有独特的偏好。我喜欢什么，不喜欢什么，有一套自己的价值观。比如，一件家居饰品很美却华而不实，但是你就喜欢它的华而不实。再如，有的人认为家具要用环保的材料来做，或者可以把几个旧沙发改造一下，进行废物利用。总之，表达了"我就喜欢那样，这是我的态度"的消费，就叫价值观消费。

如果消费再升级，就是将收藏、投资和消费结合到一起，也就是第五个阶段。比如，前面提到的纽约的那栋400多米高的公寓，里面也有三层复式的住宅，售价是5000多万美元，那种住宅是有收藏和投资价值的。再打个比方，现在世界上最高、最舒适、最智能、最健康的公寓有且仅有一套，那它也是具有收藏和投资价值的。

随着消费升级，今天我们在住的层面的消费需求更多地处于舒适性消费和美感消费相结合的阶段。

未来，关于住这件事，一个好的发展趋势是什么样的呢？首先，要健康，要环保；其次，要舒适，各个角度、全方位的舒适；最后，要有美感。这些就是好房子的标准。

中国的住宅已经发展很多年了，而且发展得很快。因为经济的高速成长，我们这几代人对居住有一种渴望，对住这件事特别敏感，对未来的居住环境也有特别多的期待。我希望未来我们能够沿着打造"好房子"这个路径不断发展,伴随人均GDP的增长,我们的生活越来越好,我们的居住环境越来越健康。

55 中国新一轮的城市更新

城市更新是一个永久的话题,只要有城市,就会有变动与发展,就会有更新。不同的城市,发展模式、管理模式各有不同,但城市更新的模式,从整体上来看,大体上有三种。

第一种我们很熟悉,就是"大拆大建"。 在过去的二三十年里,我国很多城市的更新改造走的都是这个路子。

大拆大建其实不太容易,但是在我国做得不错。过去二三十年,大到一线城市,小到乡镇,差不多都新建了一遍。今天你随便去一个城市,都感觉它是新的。一个城市,如果你隔上三五年不去,现在你再去看,会发现它又新建了一大批楼房,房子之多、之新、建设速度之快,让人叹为观止。

当然,要做到"大拆大建"是需要条件的,不是哪个国家的城市更新都能走"大拆大建"这条路。简单来说,**"大拆大建"得满足三个条件。**

第一,**土地必须是公有的**。房屋在公有土地上,其产权实际上是租赁权,而不完全是所有权,否则"大拆大建"是难以进行的。日本、美国、韩国、新加坡这些国家为什么不能"大拆大建"？其中一个原因就是它们的土地是私人的，上面的建筑物是私人的，而私人的土地和房屋又受到当地法律的严格保护，要对私人土地上的房屋进行拆除，必须经由该土地和房屋的所有者同意，有很多私人住宅甚至是家族里好几代人的居住地，要拆掉，房主是不干的，给他多少钱他都不一定愿意。

第二，需要政府出资，特别是涉及公共服务的部分。"大拆大建"以后建造的城市公共配套设施都需要政府出资，尤其是基础设施的部分需要大量的投入。我国的城市更新，更多采用的是政府主导的模式，在这种模式下，"大拆大建"是可以的。而在国外的一些城市，要么政府的财政状况一般，没有那么多钱，要么它的预算经常得不到议会的批准，无法出资，这样自然搞不了"大拆大建"。

第三，要建立在经济快速成长的基础上。 在过去几十年里，中国 GDP 的增长常年保持在 6% 以上。在这种经济快速增长的过程中，各行业紧密配合，快速联动，最终使得城市面貌焕然一新，居民的生活条件得到大幅改善。

在"大拆大建"之外，很多国家采取的是一种有机更新的模式——"小拆小建"，也就是拆一部分，建一部分。

这些国家之所以采取有机更新的模式也是基于其现实条件的考虑。在这些国家，土地多半是私有的，在这种情况下，进行城市建设只能采取有机更新的模式。

那么，**该怎样进行"小拆小建"呢？**

首先是要重新规划。重新规划就是要尊重私权，认真地研究这个区域的历史、人们的生活习惯，以及现有建筑的特点。然后要做调查，看哪些建筑能够直接沿用，哪些建筑需要做局部的修补，怎样把庙宇、牌坊等历史文化建筑利用起来，融入新的街景。

换句话说，这种规划不是一个简单的平面的城市规划，而是既要考虑对历史文化的重新梳理，又要考虑对商业功能的提升、公共设施的完善。比如，原有的街巷救火防灾体系不完备，进行城市规划的时候就要改善这一点。所以我认为，"小拆小建"的第一道难题就是重新规划，因为需要做很长时间的功课，才能把这些事情研究明白。

其次是要调整容积率。如果不在局部提升容积率，那么来参与城市的有机更新的企业就没有盈利的空间，就不能通过这部分盈利来补充其他方面的支出。所以，容积率的管控和调整一直是城市有机更新的一个重点。

举个例子，新加坡的不动产产权主要分为 99 年、999 年和永久产权。如果一栋 99 年产权的房子，业主用了 40 年后发现不行了，那么需要这栋楼里的所有业主一起商量好，大家签字同意给这栋楼做翻新，然后跟政府提需求。只要这栋楼有 2/3 或者 90% 以上的业主签字同意，政府就会批容积率给这栋楼。接下来，再找一家开发商，跟对方说明要翻新这栋楼。现在建筑技术发达了，增加建筑容积率之后，这栋楼原来只能盖 20 层，现在可以盖到 40 层，同时它的产权也得到了相应的延长——从这次更新开始算，再过 99 年才到期。在日本，我们也经常可以看到旧建筑上面架了个新建筑，实际上这就是给旧建筑增加了容积。

最后是开发主体的选择。

一种是采用大公司 + 住户的模式，以大公司为主体。最近几年，万科集团在广州做了一两个"小拆小建"的项目，通过整体的规划，局部的拆除，这些项目既很好地保留了原有的历史文化风貌，又充分挖掘了这个地区的商业价值。

另一种是采用业主 + 政府的模式，业主集资一部分，政府再出资一部分，业主和政府共同合作，完成改造。这种模式，通常用来推动小规模、小范围的有机更新。

我们比较"小拆小建"和"大拆大建"两种城市更新模式，会发现"小拆小建"会在很大程度上保护居民原有的生活方式和生活习惯，保存这片土地上的历史人文风貌，留住烟火气。从视觉上来说，这种有机更新的模式所带来的改变是缓慢的、循序渐进的。粗略来看，可能会觉得这座城市在 10 年甚至 20 年间都没什么变化，但是走到近处，就会发现许多地方都变了。比如，公厕里有了马桶，便利店和供大家停车的地方多了起来，街道上的灯光变得更加美丽等。

而"大拆大建"模式下的城市更新，放眼望去，能让人马上看到许多改变，但是近距离一看，就会发现经过这种改造之后，我们看不到这个地方曾经的历史遗迹、文化符号，也不再能感受到这座城市原本的文化风貌，如此一来，就有很多缺憾。

"大拆大建"的模式还有一个不好的地方，就是不环保，从节能减碳的角度来说不合理，碳排放量太高。某些地方的更新改造对象可能是 20 年前盖的房子，而在国外，普遍的做法是房龄在八九十年以上房子才能拆除，由此可见，我们在这个方面的浪费比较大。所以我认为，**我国下一轮的城市更新，应该放弃"大拆大建"的模式，更多地推广"小拆小建"的模式**。

除了"大拆大建""小拆小建"这两种模式，还有**第三种模式——不拆而建**。就是在旧城之外，建一座新城。在新的土地上不拆而建，在旧的土地上小拆小建，两种模式结合起来，会给城市带来新的活力。比如法国的巴黎、日本的京都等，老城主要用于发展旅游，新城用来居住、办学校。

国内也有很多城市采取这个模式，比如西安。现在的西安很有意思，新城全都建在城墙以外，比如曲江新区，大量的年轻人和产业集群都在新城里。而在城墙里边生活的人越来越少，久而久之，城墙里边就只剩下游客了，游客们来到西安，多会选择到老城骑自行车逛一圈，在城墙上走一走，听一听秦腔。

总之，一座城市要保持生命力，就要在经济发展的同时，不断地更新城市的风貌。具体的更新模式大体分为上述三种，在城市化初期的几十年里，大部分城市的更新采取的是"大拆大建"模式，后来才进入以有机更新为主，采取"小拆小建"模式的时代。

在疫情之后，我相信我们的城市还会有大的发展，城市的更新也会持续进步，城市会越来越有活力。

8

关于未来那些重要的事

56 你今天做的事，决定了你的未来

在这一篇里，我想跟大家分享一点儿关于未来的想法。其实，创业或者说做生意，往往是一件脱离常轨的事——你脱离了父母的安排，脱离了老师告诉你的活法，然后探索一种属于自己的新的活法。这个时候，你心里有一个愿景，这个愿景也就是你的未来，**这个"未来"，也可以叫作人生理想、人生目标，怀揣着这样一个未来，你所要做的就是在今天做对事情。**比如，你的未来是登上桥那边的一座山，那么你要在今天做对的事就是过桥。

怎样在今天做对事情，从而把当下和你心里的未来连接起来？换句话说，该如何为未来做对今天的事儿？这是一个特别有意思的问题。

差不多二十年前，我有两个朋友同时开始创业。其中一个，认为自己可以像那些伟大的企业家一样，创办一家伟大的公司。他就根据他预想的那个"未来"，做出了辞职创业的决策。

当他说"要办一个伟大的公司"时，身边的人都将信将疑，但是他坚信自己的梦想，不管别人怎么说，他始终以之为目标。

他创业不是为了赚钱。他有梦想，而梦想后边是价值观，他按照这个价值观，按照对自己的期待去选择未来。

其实很多非常牛的人都有这样的特点：他们对自己的期望值特别高，对自己的梦想有坚持，觉得自己有使命。什么叫使命？用简单的话来说，就是"没事找事"，哪怕这件事情是大家都不愿意做的，他还是愿意做。他们相信自己，挑战命运，主动创造自己的理想世界。

而另外一个朋友，创业时想的是赚一笔钱，早点实现财富自由，等自己到了四五十岁，有车有房，膝下有儿有女，身体健康，并且时间自由，可以充分地享受生活。

很显然，由于心中的未来不一样，这两个朋友所做出的决策也不一样，因为决策不同，现在他们的企业在经营状况上的差别也很大。所以，就创业者而言，你是创始人，是大股东，你做的每一个决策都得着眼于心目中的那个未来。如果你对未来的设定是对的，但是你做的决策错了，使用的方法错了，或选择的路径错了，也很可能走不到光明的未来。

57 你之所以恐惧，是因为没有方向

在这一篇里，我们再来聊聊"理想"这个话题。

什么是理想呢？虽然这个词经常被人提起，但是它似乎又总带着些虚无缥缈的意味。我发现，我们真正感受到理想的存在，往往是在遇到困难和挫折的时候。这时，理想就是 GPS，是我们的向导，指引我们前进的方向。

我是在什么时候有这个发现的呢？那是在十四五年前。我和王石还有一些朋友开车去新疆，刚入疆，就遇到一大片戈壁。当时我们大家分坐在两辆车上，一辆车走失了，我所在的这辆车也突然坏了。在那个地方手机信号很弱，车的油也不太足了，所以我们只得把车撂在那儿，下了车。

那天的烈日就像火一样，把戈壁滩上的鹅卵石烤得很烫，车的轮胎几乎要黏在石头上，可是我们没有办法联系上任何人，大家越来越恐惧，越来越焦躁，纷纷把目光投向司机，希望他能带领大家渡过难关。司机先是四处张望了一番，然后开始不断地用

眼睛在地上搜寻，似乎在寻找什么。后来我们才知道，原来他是在寻找车辙。经过一番搜寻，他终于找到了最新的一道车辙，便把车挪过去，压在那道辙上，对我们说："接下来就只能等了。"我们等啊等，大概过了一个小时，有一辆特别大的货车开了过来，因为被我们的车挡住了去路，那辆大车停了下来。我们的司机赶忙在纸上写了一串电话号码，给那位大车司机递过去，请他到了外面以后打这个电话号码，让人来救我们。

等大车开走了，我们问司机："你觉得他会打这个电话吗？"司机回过头来跟我们说："找不到方向的时候，信任就是唯一的选择。"又过了一个多小时，一辆车开过来，把我们接了出去。

这件事过后我一直在想，人在什么时候最容易感到恐惧呢？不是没有钱的时候，而是找不到方向的时候。找到了方向，就有了希望。所以，找对方向是一件很重要的事，对于人的一生而言，理想就是那个为我们指明方向的东西。如果说理想是一个人生目标，那么价值观就是促使我们达到目标的手段，它会帮我们确定做事的方法，建立判断是非的标准。我们按照价值观对前进的道路做出选择，然后朝着确定的方向持续地努力，就能够离自己的理想越来越近，就会感到充实和幸福。更重要的是，在努力的过程中，我们会更有力量、充满激情。

正所谓，种瓜得瓜，种豆得豆，我们的人生道路都是自己选择的，这些选择背后藏着我们对是非、好坏的取舍和对未来的判断。当然，拥有理想只是基础。要把理想变成现实是非常困难的，需要长期坚持，所以我说，理想是一个保健品，而不是速效救心丸。理想是增加成功概率的砝码，但不是说有理想就能成功。在奋斗的过程中，有理想的人比没有理想的人更有毅力，更能坚持，走得更远，心里头更踏实。所以理想就是这么回事儿，让我们一起坚持，每天都做正确的选择，快乐地工作。

58 梦的边界，主观的未来

前些日子我比较忙碌，每天都睡不够，所以总是在坐飞机时补觉。不管是一个多小时的航程，还是两三个小时的航程，上了飞机我一沾上椅子就睡着。奇怪的是，每次都会做梦。和在地上的梦不同，在飞机上梦的情节更离奇，梦醒时分我常常有些惆怅，一时之间弄不清楚自己是在天上还是在地上，神思恍惚，云里雾里的。有时候一睁眼发现飞机还在飞着，甚至会觉得飞行本身也是梦里面的事，梦里梦外没有了界限，那感觉很奇特。

说起来，印象最深的是这样一个梦：有一天，在一个阳光明媚的地方，我见到了埃隆·马斯克，他说他要把100万人送上火星。我有一点儿不服气，觉得他的想法有点儿荒唐，于是问他："100万人有多重？假设一个人有100斤重，那么100万人就是5000吨重。火箭从地球到火星要飞行6个月以上，且不说运送成本有多大，只说如何保证100万人在这6个月的时间里正常生活，已经是个巨大的难题。所以说按照目前的火箭运载技术，将100万人送上火星是件难度很大的事。"

马斯克说他总有办法。我问:"你的办法是什么?先把人冷冻起来,等到了火星上再解冻吗?"他说不是。

我说:"其实,只要解决了三个问题,不用把人冷冻起来,就能把这个事儿办了。"

第一个问题,是 100 万人的运送问题。 以目前的技术手段来看,要想把 100 万人直接运过去太难了,那么换一个思路行不行?我们在地球上运东西,如果要运的东西太多太重,我们就放弃直接运送,改用别的办法。比如,在美国销售的日本汽车,并不是在日本生产好,然后运到美国售卖的,而是这个日本汽车品牌直接在美国设厂,然后把车造出来在美国售卖,这样就免去了汽车的运送问题。

同样的思路,我们是不是可以考虑把 100 万人甚至更多人的基因做成一个个基因胶囊储存起来,建成一个太空基因库,然后把这个基因库送上火星,以此代替直接将活人送上火星的方案呢? 这样,即使运送失败了,也不会真正伤及人类的生命。

如果采取这样的方式,运送的问题就解决了。和用火箭把活人运过去的方式相比,成本低得多,效率也高得多。未来,人类在火星和地球之间迁徙,以及在星际之间的转移都可以采用这个方法。**这样,在整个宇宙自由地切换生存环境就不再是梦想。**

马斯克一听,也觉得这是一个很好的思路。但是他提出,如果这样操作,在火星上的人就和地球人有了很多不同。

我认同他的观点:"当然不同。火星是一个寒冷干燥的星球,那里的环境非常恶劣,为了适应火星的环境,火星人肯定要具备比地球人更强的身体素质,比如骨骼更坚硬、皮肤更耐风寒、眼睛的视力更强、奔跑的速度更快等,就像原本在平原定居的人群,迁徙到高原生活几代以后,心肺功能、皮肤、骨骼等也都会发生变化,这是同样的道理。"

他听了以后点了点头:"你已经解决了第一个问题,很棒。请你再说一说我们要解决的第二个问题吧。"

我说第二个问题特别重要,那就是**要在火星上建立一个什么样的社会,如何建立?火星上人与人之间的关系是什么样的?**

假如人们把在地球上的矛盾和分歧带上了火星,甚至把在地球上没能结束的战争也带上了火星,这场从地球到火星的迁徙还有意义吗?所以,**在火星上建立起一种与地球上不同的新的社会关系、新的社会文明、新的社会制度,是一件很重要的事。**

他问我:"要怎么建立呢?"

我回答:"要靠想象力。我们要敢于去设想一个更完美的、更理想的社会是什么样子。**在将人类送上火星之前,我们先自己研究出一个新的火星社会,构建一个新的火星文明。**我看过英国爱丁堡大学做的一个模拟实验,模拟地球人转移到火星之后的生活状态。通过研究,他们发现在外部环境特别凶险、自己感到特别无助的情况下,人与人之间的关系有一点儿像监狱里犯人之间的关系。于是,他们根据这个发现把人类到达火星后建立的第一个营地做成了监狱的模样,以此来模拟第一批火星人之间的社会交往。我觉得这是很好的想象。"

他说:"这是我没有想过的,我只想到把人弄到火星上去,但是没有研究过送上去之后怎么办。我不是社会学家,不是政治学家,也不是法学家,你要是能把这个问题研究出来就太好了。"

他又问:"第三个问题是什么呢?"

我说,第三个问题是100万人到了火星以后怎么生活?他们的经济来源是什么?靠什么生存下去?这是值得研究的问题。

事实上,100万人也好,1000万人也罢,当人类可以在不同的星球之间自由地迁徙,**在火星上停留下来,居住、生活,搞清楚自己赖以生存的经济来源是什么是很重要的。火星上也需要货币吗?还会有贸易战吗?还会有技术争夺和中央银行吗?还要收关税吗?地球上的这些经济行为对于火星社会来说是必要的吗?**

听了我的发问,马斯克摇了摇头:"我也搞不清楚,你先自己研究一下吧,我还有事儿要忙,先走了。"说完他就消失了。我的梦也醒了。

醒来后,我反复回味梦里面那三个问题,我想,**如果真要解决它们,岂不是要创造人类的新文明?创造不同于地球文明的火星文明,这是一件伟大的事,一件美好的、令人心潮澎湃的事。**

8 关于未来那些重要的事

这事儿靠谱吗？有可能实现吗？从历史的角度来看似乎是靠谱的。当年哥伦布发现新大陆的过程不也是这样一件开天辟地的大事吗？最开始人们乘坐小船一路惊涛骇浪，冒着生命危险，经过很长的时间，终于到达一片新大陆，也就是今天的美洲。后来，前往美洲的人越来越多，他们把欧洲的文明带到了新大陆，他们的子孙在美洲繁衍生息，最后形成了今天美洲大陆上的文明。

既然是靠谱的，接下来我就得朝这个方向去折腾，或许可以做点儿事情。

我这样想着，飞机还在飞着，不断地起伏颠簸着，窗外是大片的云。似梦似醒之间，我的脑子里突然闪过几个问题：梦和现实的边界在哪儿呢？睡着和醒着的边界又在哪儿呢？梦的边界很清晰吗？梦很遥远吗？梦都是虚假的吗？生和死的边界又在哪儿呢？我们呼吸的这个当下是真实的吗？我有些恍惚，也有些迟疑，但似乎也真正清醒了。**我决定，如果哪天见到马斯克，就一定要大大方方地跟他探讨那三个问题。**

这样，不就把梦境变成现实了吗？梦使我的想象力得以延伸，如果想象力是没有边界的，那么梦也是没有边界的，**如果梦没有边界，那么人类的发展也是没有边界的。**

想到这儿，我释然了，我认为应该把自己的梦想和现实融在一起，将一切交给无边的宇宙，任其自然地延伸，自然地发展，自然地创造，最终成就一个无限绚丽的未来。

59 应该焦虑的事，就让它焦虑着

都说现在的年轻人焦虑。90后、00后甚至是部分80后，仿佛整天都处于焦虑之中。按我的想法，应该焦虑的事，就让它焦虑着。

有个现象特别有意思。一方面，当下焦虑的人很多，另一方面，鸡汤也一直在大量地供应着。鸡汤和焦虑是一起成长的。焦虑催生了鸡汤的生产，而鸡汤的生产又刺激了焦虑，这就形成了一个悖论。就像过去电线杆上常常贴着"老中医"治病的广告，每当我看到那些广告的时候，我就在想，如果它宣称的治疗效果属实，那么病人的数量就应该越来越少，这种广告的数量也会随之减少，只有病人的数量越来越多的时候，广告的数量才会增多。可是，广告越来越多，病人未必在增多，为什么会这样呢？这个问题其实很难回答。

依我看，这些年轻人的焦虑，大多可能是被鸡汤给刺激出来的，是被媒体放大的。我们可以把这些媒体看作观察年轻人的情绪的窗口。实际上人在 15~25 岁这个阶段有一些焦虑是件很正常的事,而且是件特别好的事。因为它能够催生出更多的批判和创造,推动社会进步,它所蕴含的正面的东西要远多于负面的东西,所以我总是特别乐观地看待它。

年轻人对于社会发展最大的价值就是这种因对现状不满而产生的批判和创造,如果在一个社会里生活的都是年龄在 60 岁以上的人,那么这个社会基本上就停滞了。年轻的时候就是折腾的时候,我们应该鼓励年轻人把焦虑转化为行动的力量和改变命运、创造生活的勇气,应该焦虑的事就让它焦虑着。

60 永远做奔涌的"后浪"

年轻人进入社会，走上工作岗位以后，会发现大多数的领导都是比自己大上十来二十岁的人，等到他们退休的时候，自己也老得差不多了。面对这样一个现状，年轻人应当怎样调整心态呢？

这个情况，我在刚硕士毕业参加工作的时候也遇到过。当时，上面的领导基本上是30后、40后，而我属于50后，在30后、40后眼中，我们50后既没有理想，又不能吃苦，干什么都不行。后来，我去澡堂洗澡，发现自己的体格比他们的好，肌肉比他们多，于是找到了自信，**我认为自己所拥有的最大的一个优势就是年轻。**

从时代发展的角度上来看，一代人有一代人的使命，是几零后并不重要，不能笼统地拿"某某后"说事。过去有一句话：长江后浪推前浪，前浪死在沙滩上。我遇到很多40后、50后都在感叹自己已经死在沙滩上，我跟他们说，想不死在沙滩上很简单，调整心态和做事情的方式，让自己变成"后浪"就好了。

具体到每一个人来说，无论你在哪里工作，你都有你的价值，只要按照时代发展的脉络，找到自己的人生方向并努力奋斗，确保自己不落后就可以了。如果你能走得比身边的人更快一点儿，到最后你一定会赢得社会的尊重。

61 快乐在于三种自由

如果你经历过一段时间的奋斗，你就能慢慢体会到快乐在于自由。但是，自由过多反而是一副枷锁，让人感到快乐的主要是拥有三种自由：时间自由、财务自由和角色自由。

第一是时间的自由，不用去算时间的账。

在现代社会，多数人是时间的奴隶，我们赶着时间吃饭、上班、休息，很多的快乐因为赶时间而被迫中断。比如你本来在与女友约会，可是中间突然插进来一项紧急的工作，使你不得不马上回单位处理，这时候你一定很不开心。

拥有时间的自由就是不用去算时间的账，无论是聊天还是吃饭都能尽兴。有一次，我和我们公司的董事约了网易公司的创始人丁磊一起吃饭谈事情，那天恰逢丁磊乘坐的航班晚点，无法按约定时间参加饭局，我们一下子多出来四五个小时的闲散时间，于是找了个地方吃大闸蟹，边吃边聊，相当快意。

第二是财务的自由，不用去算小账。

无论做什么事都要算计钱，总担心多花了钱的人往往不开心。比如已经选择了坐飞机出行，又后悔没有选择坐火车或者乘大巴车，那样能省下不少钱。实际上如果能减少这种算计，快乐会多很多。

第三是角色的自由，不会被角色困扰。

我们常常受到角色的困扰，而陷入对立的局面，比如男人与女人对立，高收入者与低收入者对立，这种对立会让人不快乐。

角色的自由转换也很有意思，人的角色常常有两种状态，一种叫正经，另一种叫正常。

有的人只会正经，无论是在工作中还是在生活中都习惯于端着，这个时候朋友们就容易觉得这个人不正常，有点儿"装"；有的人只会正常，在主席台上说话和在家里说话时一个样，这个时候就达不到社会对他的角色要求。因此，比较好的情况是既能正经又能正常，需要正经的时候正经，需要正常的时候正常。

要同时拥有这三种自由是很不容易的，即便是我，也常常有很多不快意的时刻。我在时间上很不自由，每天的工作都排得满满的，我在角色上也不是太自由，说话聊天不能太随性，不能随意披露公司正在进行的业务和正在筹备的项目。不过我会尽量不把自己当回事，追求尽可能多的自由度，这是我让自己的内心平衡、舒服的唯一方法。

62 人很难挣到认知能力以外的钱

2020年，大家对钱的事情都很焦虑。有人说，银行下调利率，投资标的不断减少，这让一些想投资但缺乏投资相关专业知识的人面临无处投资的困境。

要我说，如果是"投资小白"，那么投资自己、投资孩子，就是最靠谱的投资。比如你在自己身上投资了1万元钱参加培训，没准儿跳个槽就能挣回来，还能让工资比在前一家单位高5000元，那一年的回报有多少？用经济学家管清友的话说，这叫人力资本投资。

我有一个朋友，在老家捐建了一所双语幼儿园，这家幼儿园用的是全球最好的资源，有些方面甚至比北京的一些幼儿园还好。他为什么要这么做呢？他所在的家族从清朝末年就开始重视教育，在办教育的过程中，这个家族做到了长盛不衰。在这个家族里，不仅他这一支，还有其他好几支，每一支都有许多人考上清华、北大，而他在老家捐建这样一所幼儿园，也是帮助老家的孩子通过教育改变命运。

很多时候，大部分人之所以亏钱都是因为乱投资。他们这个知道一点儿，那个也知道一点儿，就觉得这个可以投一点儿，那个也可以投一点儿，最后见识没有提高，钱倒是亏了很多。关于投资，管清友提出了这样一个观点：一个人在投资的过程中，应该先花 95% 的时间去学习，让自己的认知能力得到提升，再花 3% 的时间去制定资产配置策略或者投资策略，最后花 2% 的时间进行投资交易。不要受从众心理的影响，今天买只股票，明天买套房子，后天买只基金，正确的做法是搞清楚、搞透彻之后，再去投资。

所以，投资归根结底是投资自己。

有一个朋友跟我说："投资是什么？投资就是把你的认知资本化。"换句话说，人很难挣到认知能力以外的钱。

有一个奇怪的现象或者悖论，即天天给大家讲股票投资的那个人，他自己却没能通过炒股票发财，而真正通过炒股票赚到钱的人往往不会贸然给大家传授炒股票的秘诀。你本来应该去跟这些人学习的，可是这些人你找不着。

在经济领域，面对同一件事，经济学家们常常基于不同的前提和逻辑，给出不一样的看法和结论，最后形成一个百家争鸣的局面，这个时候，缺乏经济学专业知识的普通人、"投资小白"难以决定到底应该听从哪一种观点，信服哪一派学说，更看不明白那些指标，只能相信经验。**生活经验有时候比那些指标还要靠谱。**

比如，有一个人在炒股，他外出吃饭的时候看到海底捞门口天天排长队，这就说明海底捞近期的效益比较好，那么它的股票也会涨一点儿，这只股票就可以买。这就是凭经验炒股。

管清友说，对于短期预测而言，各种指标确实有它的意义，观察和分析这些指标对于专业机构来说非常重要，但如果是做长期预测，经济学的穿透力远不如人文学科和历史学科，我们容易陷入那些具体的指标和数据中无法自拔，反而忽略了一些更重要的因素。捡了芝麻，丢了西瓜。

针对长期预测，管清友提出了一个概念——"模糊的正确"，很有意思。所谓大道至简，我们的生活经验和常识，或者社会共识，这些东西可能会帮助我们避开细枝末节，看到大趋势。就像我国很多人在20世纪90年代末期开始搞房地产，那时候他们之所以选择进入房地产领域也不是基于多么复杂的分析和判断，只是觉得中国人开始需要房子了，于是开始大量地盖房子，之后这个市场就活跃起来了。

普通人做投资，要想稳健地增值，需要注意什么呢？

我有一个朋友，早年间他由于一些特殊的原因，长期在境外赌场以赌为生。在这里我先声明，我不提倡赌博，哪怕是在境外合法的赌场里边赌。我讲这个朋友的事是想借他的故事谈投资的逻辑。

当年，他给自己定了三条规则。

首先，不豪赌。把这条规则放到投资上，就是说，投资的时候要懂得管理自己的欲望，不要押上全部家当。

其次，有节制。很多人或许能做到止损，但是做不到止盈，这就导致他们赢了还想赢，赚了还想赚，结果停不下来，到最后赔上所有。投资的时候也是一样，要懂得适可而止。

最后，专注。即便是玩，也只想着怎么把眼下这个玩好，绝不玩着这个的时候心里还惦记着那个。

如果投资的时候也能够遵循上面说的三条规则，成功的把握一定会更大。